Discover
ディスカヴァー

幸福の方程式

新しい消費のカタチを探る

山田昌弘
中央大学文学部教授
＋
電通チームハピネス

はじめに

「物質的豊かさと幸福は結びつかない」と頭ではわかっていながら、それでもなお、わたしたちが物質的豊かさを求め続けるのはなぜか？

今、幸福、特に、幸福と物質的豊かさとの関連について、関心が高まっています。

その議論のなかで、たいていの人が求めている答えは、「物質的豊かさと幸福は結びつかない」という結論です。曰く、ブータンなど物質的に豊かでない発展途上国の人のほうがわたしたち日本人の多くより幸福そうな顔をしている、愛や幸せはお金では買えない云々。

二〇〇八年に、わたしは参考人として、参議院の国民生活・経済に関する調査会に招かれました。その年から、『幸福度の高い社会の構築』をテーマにして議論を行うことにしたそうです。そこでも、議員の方々から、精神的豊かさが大切だとか、経済的に豊かな日本人はちっとも幸福そうではないなどという発言が何度もありました。

しかしながら、「精神的豊かさへの回帰」というのは、近代社会が始まって以来、さまざまな形で、繰り返し述べられてきたことです。六〇年代末から七〇年代にかけてのヒッピームーブメントや若者のインドへのあこがれといった現象もそうでした。わたしも大学に入りたての頃（一九七六年）、社会学の見田宗介先生のゼミで、コミューン（共同体）やメキシコの人々の生活などの話を聞き、「物質的豊かさを求めない生き方」について議論をし、そのような生活にあこがれたものです。

このように、「物質的豊かさと幸福は結びつかない」という議論がされるのは、今に始まったことではありません。繰り返し述べられてきたことです。だからこそむしろ、ここで目を向けるべきは、「物質的豊かさと幸福は結びつかない」と頭ではわかっていながら、それでもなお、わたしたちが「物質的豊かさを求め続けるのはなぜか？」ということではないでしょうか。

実際、わたしたちは、物質的豊かさを求めています。繰り返し、「物質的豊かさと幸福は結びつかない」と言い続けなければいけない、ということは、裏を返せば、「物質的豊かさと幸福が結びついている、と思っている」ことの何よりの証です。

一九七〇年前後、欧米や日本の若者たちがあこがれたインドや、文化大革命で物質的豊かさを否定した中国、見田先生が紹介したメキシコが、今どうなっているか、述べるまでもないでしょう。そうした国でさえも、というより、そうした国こそが、今、物質的豊かさに向かって舵を切っています。物質的豊かさが現実に可能であると国民の多くが知った途端に、物質的豊かさを求める流れは大きく高まり、それを押しとどめることはできなくなっています。

また、一九八〇年代、ソ連など社会主義国が資本主義国との経済競争に負けたことがはっきりした時期には、社会主義国は人々のモラルが高く平等なので、物質追求の資本主義国より人々は幸せであると宣伝されたものでしたが、ソ連解体後のロシアがどうなっているかはここで言うまでもないでしょう。

結局、「GDPを上げること＝国民の幸福＝政策目標」であることは、今の社会、今の政治においても、まったく変わっていません。

二〇〇八年九月のリーマン・ショック後、強欲資本主義が悪い、物質的豊かさの追求が害悪をもたらしたという議論がいっせいにわき起こりました。しかし、物質的豊かさの追求が悪なら、GDPが下がってもかまわないはずです。もし、物質的豊かさが幸福と結びつかないと本当に思うなら、堂々と「GDPが下がってもかまわない」と主張する政治家や評論家がいてもいいはずです。

しかしながら、そんな議論はどこにも見あたらず、結局は、GDPを回復させるためにはどうすればよいかを議論しているのが現状です。

もちろん、本書で言いたいのは、「だから物質的豊かさ＝幸福である」ということではありません。むしろ、その逆です。

しかしながら、〈「物質的豊かさ＝幸福」ではない〉社会について、これまでさんざん言われてきたにもかかわらず、政治的宣伝によっても意識啓蒙によっても、それを達成することができなかったこともまた事実である以上、〈「物質的豊かさ＝幸福」ではない〉というシステムがあるのではないかという問題意識を持ちつつも、逆に、「なぜ、わたしたちは物質的豊かさから逃れられないのか」という理由を解明するほうが重要ではないでしょうか。

このため、本書では、戦後のわが国において、幸福というものが、物質的豊かさを求めての消費活動といかに結びついてきたかを検証することによって、わたしたちが「物質的豊かさから逃れられない」理由を探っていきます。

それを踏まえて、消費不況を迎えた今、消費と幸福との関係はどうなっていくのか、物質的豊かさを超えた幸福の形があり得るのか、あるとしたら、それはどのようなものなのか、すでに動き始めている現実の兆しをご呈示したいと思います。

山田昌弘

二〇〇九年夏

幸福の方程式

目次

3 新しい萌芽 158

第6章 究極の消費としての仕事――電通チームハピネス 195

第1章

戦後消費モデルの変化と幸福の物語

山田昌弘

1　物質的豊かさと幸福との関係

＊ＧＤＰと幸福

ギリシャ時代から今日に至るまで、幸福に関してさんざん議論がなされてきました。結局、哲学者のエマニュエル・カントが言うように、幸福をひとつの概念で定義するという試みは、放棄したほうがよいということになるのでしょう。幸福を人間が望ましいと感じる状態であるとすると、幸福に至る道はあまりにも多様すぎて、共通の特徴を取り出したり、根本的な原理で説明したりすることはできないのです。

そこで、古代ギリシャの哲学者アリストテレスがやったように、幸福を分類したり、心理学者アブラハム・マズローのように、分類した幸福感の段階を設定したりすることになるのです。

ここでは、現代社会における消費と幸福の関係を探るために、幸福に二つのレベルを設定したいと思います。それは、物質的豊かさと幸福との関係にかかわる問題です。

物質的豊かさと幸福との関係について、社会学者のジグムント・バウマン（一九二五〜　ポーランド出身の社会学者）は、

一人当たりGDPが一定水準に満たない場合は「不幸」だが、それが一定水準を超えると、一人当たりGDPと幸福度の間に関係は見られなくなる

と述べています。一人当たりGDPと各国の幸福度調査の結果をプロットしてみると、それはひと目でわかります（次ページの図参照）。一万ドルまでは正の相関があって、GDPの値が増えるにしたがって幸福度の値も大きくなるのに、一万ドルを超えるとバラバラで、相関関係がなくなるのです。

別の言い方をすると、ある一定の水準値を超えると、一人当たりGDPが高かろうが中ぐらいであろうが、国民の幸福度と関係なくなる。これを現在の日本に当てはめれば、GDPが増えることが、直接国民の幸福度を増すことにはならない、ということです。わた

経済成長だけでは限界がある。
特に日本ではGDPが高い割に幸福感が相対的に低い

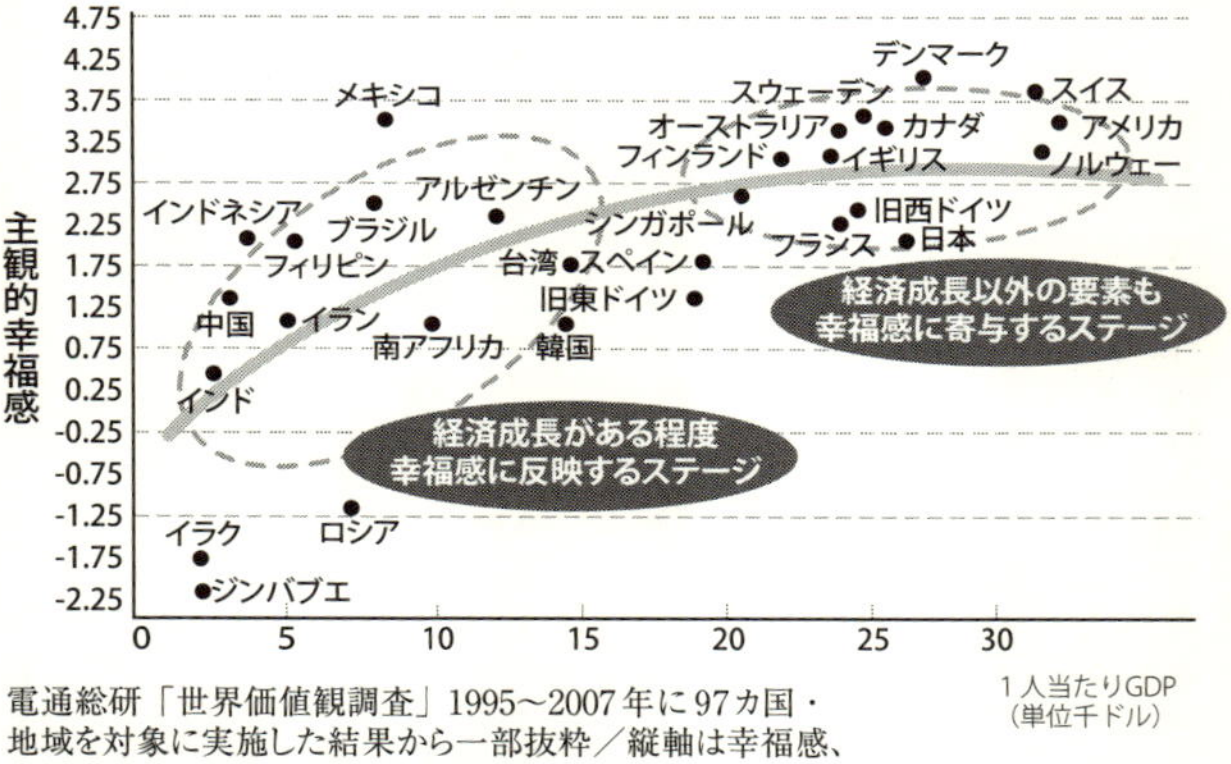

電通総研「世界価値観調査」1995〜2007年に97カ国・地域を対象に実施した結果から一部抜粋／縦軸は幸福感、生活満足度に関する設問を指標化

図1　経済成長と主観的幸福感の世界マップ

したちの実感のとおりでしょう。

このことから、幸福を感じるには、次の二つのシステムを考える必要があることがわかります。ひとつは、①苦痛や不快から逃れることによる幸福であり、もうひとつは、②消費社会の幸福です。これは、マズローの欲求の段階説に当てはめれば、①は生理的欲求が満たされた場合、②は評価欲求が満たされた場合に相当します。個人の段階で想定した幸福感が歴史的段階にも当てはまる、というのがここでの議論なのです。

＊消極的幸福の社会

最初の「苦痛や不快から逃れることによる幸福」から見ていくと、飢えや寒さ、病気や重労働、身体的不快感などは、ある程度の一人当たりＧＤＰがある社会では、大多数の人がこれらから逃れることができています。つまり、一人当たりＧＤＰが一定水準以上ある国では、国民の大多数が、このレベルの幸福は感じられるだろうということです。

福祉国家というのは、まさに、飢え、寒暖、病気、重労働、身体的不快感に苦しむ人がいたら、それは国で面倒みますよ、ということです。福祉制度が整うぐらい国が豊かになれば、このレベルの幸福は得られるわけです。

この場合の問題点は、これはいわば消極的幸福、つまり、「不幸がないという状態」だという点です。不幸がない状態を幸福と感じるには、苦痛や不快を経験するか、もしくは経験するかもしれないという不安を感じていることが必要となります。

ご飯が食べられる喜びというのは、空腹で食べられない状態というのを日常的に経験していればこそ感じられることです。つまり、「不幸」が存在し、かつ、それから逃れている、という状況がなければ、このレベルでの幸福は実感できません。空腹に慣れていない多くの現代日本人は、ただ、食事が与えられるだけでは、幸福を実感することはないでしょう。

現在の中国をはじめとした発展途上国は、まさにこのレベルの幸福度が高い状態にあるといえるのかもしれません。それまでの苦痛や不快があるところから「逃れつつある」という経験が国民全体に共有されているからです。

＊「商品の消費＝幸福」の時代

このように、欠如体験があることによって実感できる幸福――このレベルの幸福は豊かな社会には当てはまりません。そこで、次に出てくる幸福のシステムが、「消費社会の幸福」です。先に述べたジグムント・バウマンは、

「幸福を生み出すと期待される商品を買い、消費することが、近代社会の幸福の基本である」

と述べています。

近代経済学では、効用＝幸福、労働＝苦痛とされます。そもそも近代社会というのは消費社会であり、消費するために生産することが基本的な原則です。そして、その特徴は、永遠に終わらないということです。幸福を生み出すと期待される商品が手に入らなければ幸福ではなくなってしまいますので、人々は、永遠に、買い続けること、消費し続けることを要求されるのです。すなわち、

近代社会における貧困というのは、「買い続けることができなくなった状態である」

これが、ジグムント・バウマンの主張です。幸福を生み出すと期待される商品を買えなくなることが貧困であり、不幸であるというのです。飢えや寒さから逃れていても、人が貧困感を感じるのは、このせいです。

「幸福を約束する商品がある、しかし、それを自分のものにできない」、これが、豊かな社会の不幸であり、貧困なのです。


では、「幸福を生み出すと期待される商品」とは何でしょう?

そこには、ガイドラインが必要です。つまり、幸福を生み出すと期待できる商品が何なのかが規定されている必要があります。そのガイドラインが、**「物語（ストーリー）」**と呼ばれるものです（大塚英志『定本物語消費論』参照）。

すなわち、「このような商品を買うと幸福になる」という「物語（ストーリー）」が存在し、その物語（ストーリー）の中に生き、その物語に求められる商品を手に入れていく過程で、わたしたちは幸福を実感します。

図２　消費社会の幸福システム

ジグムント・バウマンは近著『幸福論』のなかで、**「幸福を追求しなければいけないことの不幸」**について書いていています。消極的な幸福に関しては、人がこれを求めることは当然です。そして、一度幸福になると、それは長続きします。しかし、積極的幸福は違います。今の状態をわざわざ否定して、将来の状態を常によりよいものとして追求し続けなければ幸福は得られないのです。

「幸福追求」という表現が日本国憲法にも登場するように、「幸福は、概念化され、追求しなければいけないもの」になってしまいました。そして、その「幸福」は、商品を消費することによって得られる、というのが近代社会です。

次に、消費社会の「物語」の二つの段階を追ってみましょう。

2 消費社会の「物語」、二つの段階

わたしは、消費社会における「物語」を二つの段階に分けています。「家族消費の時代」の物語と「ブランド消費の時代」の物語です。日本では戦後から一九八〇年頃までが「家族消費の時代」、一九八〇年頃以降、わたしの言う「ブランド消費の時代」が始まります。

＊豊かな家庭生活という物語の時代

戦後から一九八〇年頃までは、豊かな家族生活をつくるという**「家族消費の時代」**でした。**豊かな家族に必要なモノを揃えていくこと＝幸福、という物語**です。日本に限らず、欧米諸国もアジア諸国も、あらゆる社会において、近代社会の成長期にはこれが普遍的な物語となりました。そして、この物語は、次の段階である**「ブランド消費の時代」**が始まった後も、基本的には続いています。

たとえば、サブプライム・ローンで家を失ったアメリカ人がインタビューに答えて、家を買ったときに俺の夢はかなえられたと思ったと語るのを聞いても、それがわかります。アメリカにおいても、家族を持ち（家族の形態は多様であっても）、自分の家を持ち、豊かな家電製品や自家用車を揃えていくというのは、まさに「幸福の物語」として今も生き続けているのです。

この段階の物語の一番目の特徴は、この物語をほとんどの人が、**共有していた**ということです。戦後から一九八〇年頃までは、日本では、アメリカの生活に対するあこがれが強く、ほとんどの人々が、幸せをもたらす「家族の物語」に飛びついたのです。

二番目の特徴は、消費が**共同的**なものであったことです。家族全員でいっしょに消費するものでないと、この物語の道具にはなりません。家、テレビ、ファミリーカー、家族旅行、デパートでの買い物……。家族全員でいっしょに消費することによって幸せがもたらされる、という物語のなかで、人々はモノを揃えたりレジャーにお金を費やしたりしてきました。テレビは家族いっしょに観るもの、クルマはみんなでドライブするもの、デパートでの買い物でさえもみんなで行くものでした。この時期に、家族を放っておいて勝手に一人で遊びに行くことは非難の対象でした。

さらにその「物語」は、**人生の長期にわたる**ものでした。それが、この段階の物語の特徴の三番目です。結婚し、家電新製品を買い続け、住宅を購入し、子どもに教育を与え、結婚するのを見届けて、豊かに生活している家族に看取られて死んでいく――まさに豊かな家族をつくり続ける物語です。六〇歳くらいで多くの人が寿命を迎えていた高度経済成長期は実際、それが可能でした。

＊「家族物語」の牽引役としての広告

当然、この「物語」は、企業（メーカー）・広告（マスメディア）と密接に結びついていました。「こういう生活が幸福な家族をもたらす」という物語とともに、そのためには、「こういう消費が必要ですよ」というのを提示するものとして、広告業は、急速に発展拡大していきました。

たとえば、一九六〇年代から今も続くＣＭのひとつにネスカフェのテレビコマーシャルがありますが、一九七〇年代、そのＣＭの影響力は、今では想像もできないくらい大きく、それまでコーヒーなどは喫茶店でなければ飲んだことがないというような家庭でも、お茶の時間にはインスタントコーヒーを飲む、広告と同じように、みんなでいっしょにネスカフェを飲む、という光景が見られました。広告によって、まさにある消費がひとつの物語として普及していきました。家族で同じものを消費するという**幸福の物語を広告が主導していった**のです（『団塊と団塊ジュニアの家族学』電通 袖川芳之ほか著 二〇〇五）。

同様に、電化製品、車、そして、一戸建てのマイホーム、さらには、子どもの教育から家族レジャーまで、すべてがこの物語のなかに埋め込まれていきました。大量に売れる商品とは、幸せな家族生活の物語のなかにうまく埋め込むことができた商品です。埋め込むことが広告業界の腕の見せどころだったはずです。「家族の幸せのために必要な商品（サービス）」であることを認識させれば、商品、サービスは羽が生えたように売れました。

人々は、提示された商品をひととおり揃え、ひととおりのサービスを**消費することによって、幸福を実感**します。それゆえ、一種類の商品に対して、多様なレベルの商品が用意されるわけです。家族で車に乗ってレジャーをすることが幸せの象徴なら、高収入の人には高級車を、低収入の人には軽自動車を売るけれども、家族でいっしょに消費して幸せを実感する、という点では同じだったのです。

たとえば、家族レジャーが「物語」のなかに加えられていく先駆けとして、一九五二年に開園した千葉の谷津遊園があります。高度経済成長時代、全国津々浦々に、谷津遊園のような遊園地がつくられました。すなわち、ジェットコースターと観覧車とメリーゴーラウンド、コーヒーカップ、そして、家族で食事できる施設を整えた遊園地です。そこに、月に一回か二ヵ月に一回、家族揃って遊びに行く、それが家族の幸福の物語を構成する一つの消費形態でした。

でも、今はもうそんなものでは誰も喜ばなくなってきています。ディズニーランドができたからだけではありません。家族の幸せの物語自体が、国民的なものではなくなってきたからです。

ファストレストランも、最初はファミリーレストランと呼ばれ、ファミリーカーで乗りつけてファミリーみんなで食べる、という家族の幸せの物語のなかで生まれました。今でも、家族で行く人はいるでしょうが、それは幸福を実感するための行為ではないでしょう。

一九八二年、バブル景気が始まる数年前に、谷津遊園はひっそりと閉園しました。時代は、**「商品の消費＝幸福」の時代の第二段階、「ブランド消費の時代」**へと入っていくのです。

＊ブランド消費――消費の個人化の時代

さて、こうした「家族消費の時代」の物語が可能だったのは、家族の稼ぎ手である男性の収入が上昇していくというなかで、**幸福を生み出すと期待される商品を買い続けることができるという「期待」**があったからです。どんな新しい商品が提示されても、それを買い続けることができるだろうという「期待」を持つことができ、その「期待」が幸福を支えていたのです。

しかし、その期待も揺らいでくるときがきます。それが、次の段階、消費の個人化の時代です。わたしはこれを**「ブランド消費の時代」**と呼んでいます。広告業界でいうところの「ブランド消費」という用語の定義とは少し違うかもしれません。「ブランド好き」などという場合の高級ブランドの大衆化という意味だけではなく、**商品自体に個別のストーリーをつくり上げ、そのストーリーを買う、**という意味での「ブランド消費」です。**「ブランド商品を買い続けること＝幸福」という「物語」**が、「豊かな家族生活をつくること＝幸福」という「物語」をしのぐようになっていったのです。

この事態は、消費の主体として、家族から個人が析出していくプロセスです。これは、家族消費がなくなるとか、ましてや家族が崩壊するということではありません。家族が形成されている限り、家族消費、そして、家族消費が幸せをもたらすという物語自体は残り続けます。家族消費に重なる形で、ブランド消費が起こってくるのです。

これは、二つの方向から起こってきました。

ひとつは、物質的に豊かになり、家族消費による幸福が限界に達して、新たな幸福を求める人々によるもの。もうひとつは、家族消費による幸福の実現可能性が低くなったため、家族消費以外の消費に幸福を求める人々が出現したことによるものです。

前者のケースは、要は、**「家族物語」を完成してしまった人々**です。家族消費の時代の商品を全部揃えてしまった今の豊かな中高年層がその典型です。

たとえば、残間里江子さんが『ウィルビー』という中高年の団体を立ち上げました。わたしもメンバーに加わっていますが、レジャーなども含めた、中高年の人たちの交流と活動の場です。子育ても終え、家のローンも完済し、家電製品はひととおり揃っている。このような、家族を豊かにするという物語をすでに完成してしまった人が次に何を目指すか、という需要を見込んだ企画です。これは、消費の個人化の時代の物語のひとつの形です。

一方で、**家族の物語を完成できないとあきらめた人たち**もいます。家族を豊かにする商品を買い続けるという期待が持てなくなってしまった人たちです。すべての男性の収入が上昇するという期待が持てなくなっている今、家族形成をあきらめた人、家族がいても、家族での豊かさを求めることをあきらめた人が出現しています。「家族が豊かになること＝幸福」という物語が実現できないため、別の幸福を求めざるを得ない人々です。こちらも、消費は個人化の方向に向かいます。

図らずも、格差の拡大にともない、その両極にいる人たちが同じような行動をとっているのです。**消費は個人でする**。物語が個人化したということです。

実際、テレビにしても、モノにしても、サービスにしても、最近は、家族ではなく個人に向けたものが主流になってきています。この場合、人によって幸福を感じる商品が違い、かつ、幸福は短期間しか持続しないという特徴があります。商品のライフサイクルが短くなってきている、という言い方もできます。

たとえば、デジカメは半年で古くなるそうですが、それは、商品の機能がダメになるからではありません。**幸福というのは、新しいモノを買い続けることが可能であるという「期待」**ですから、そこで言う新しいモノの「新しい」という期間が短くなったにすぎません。

そして、ここで出てくるのが、ブランドという概念です。ブランドは、幸福を生み出すと期待される商品のガイドラインが個人化されるときに何よりもその威力を発揮します。

バウマンはその著書のなかで、一二歳の子どもが、あるブランドの商品を買うことによって幸福を感じはじめる過程を分析しています。ひとつのブランド商品を気に入って買うと、人から注目される名のある商品を身につけたということで幸福を感じます。そうすると、その幸福感を繰り返し求めるため、大人になってもずっとそのブランドを買い続けるようになるという例を出しています。

すなわち、**ブランドというのは幸福の物語（ストーリー）を「保証」するものです**。幸福を生み出すと期待される商品をつくり出す装置として、次から次へと商品を提供しては、そのブランドにはまっている人の幸福感をカウントしていくのです。

図らずも、労働経済学者のロバート・ライシュは、『勝者の代償』（東洋経済新報社　二〇〇二）の中で、**「ブランドとは保証である」**とはっきり述べています。別の商品に乗り換えようとすると、それで満足を得られるかどうかわからない。お気に入りのブランドを買っていれば、確実に充実感が得られるという「保証」が手に入るということです。

これにともない、広告は、かつての家族の幸福の物語に代わって、**このブランド商品を持てばいかに幸福か**という本来個人的な物語を継続的に宣伝し続けることとなりました。

個人のブランド消費の時代の物語においても、その基盤にあるのは、

幸福を生み出すと期待される商品を買い続けることができるという「期待」

です。その意味では、最初の豊かな家族をもたらすと期待されるモノを買い続けることができるという期待と、システムはなんら変わりません。

ただ、個人で行う消費ですので、余剰収入が少なく家族の幸福を全部揃えるだけの経済力がなくても、自分ひとりの消費で、かつ、特定のジャンルのものだけなら可能であろう

と期待されるわけです。

実際、たとえば、靴が好きで、靴だけどんどん何十足も買い続けるという人もいます。バッグの人もいます。グルメの人もいれば、わたしのように、チョコレートの人もいます。お酒の人もいるでしょう。


もちろん、こうしたひとつのジャンルにおける個人消費については、家族の物語をほとんど完成している人がプラスアルファとしてやっている場合もあります。

また、最近の若い人の中には、起業などによって成功し、豊かであるにもかかわらず、従来型の家族の大きな物語に関心を持たない人々も出てきているようです。そうした人も、ひとつのジャンルだけに特化した個人消費に向かう傾向があります。

しかしながら、この個人のブランド消費の特徴は、余剰収入が少なくても、ひとつのジャンルでなら買い続けることができるという期待を持ち続けられる、という点にあるがゆえに、そのひとつのものによって幸福を得るというシステムにはまらざるを得ません。

そして、そのひとつのジャンルにおいてさえ、自分がこだわるブランドで幸福を生み出すと期待される商品を買い続けることができなくなるという見通しを持ったとき、そこに、新しい貧困が始まってしまいます。

さらには、買い続けることが経済的に可能な層であっても、買い続けることにむなしさを感じるときがきます。そこに幸福を見出せなくなるのです。

かくして、買い続ける見通しが立たなくなった層と、買い続けることによっても幸福を見出せなくなった層の双方において、ブランド消費が行き詰まりを見せるときがきます。それが、現在です。これについては、次の項で述べます。

＊パラサイト・シングルの出現とブランド消費の時代

さて、この消費の個人化が始まったのは、一九八〇年ぐらいからだと思われます。総理府（現内閣府）の国民生活に関する世論調査の生活満足度のグラフを見てみましょう。

一九七〇年代までは、四十歳代まではほぼ横ばい、その後は、年齢に比例して右肩上がりのグラフを描いていました。つまり、年齢が上がるにつれて、生活満足度も上がっていく。家族消費の時代には、家族生活の豊かさが幸福の指標だったので、年齢が上がるにつれて、住宅や家電製品を買い揃える割合が高まっていると考えられます。

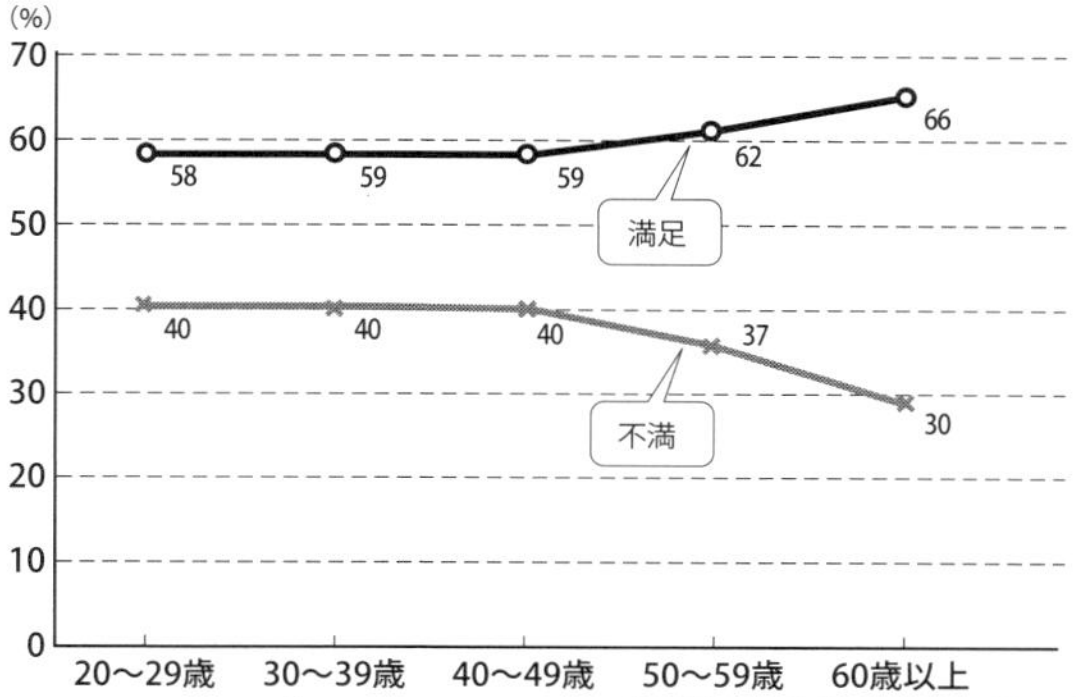

（出所）月刊 世論調査 昭和60年9月号

図 3-1　暮らしに対する満足感【1973 年】

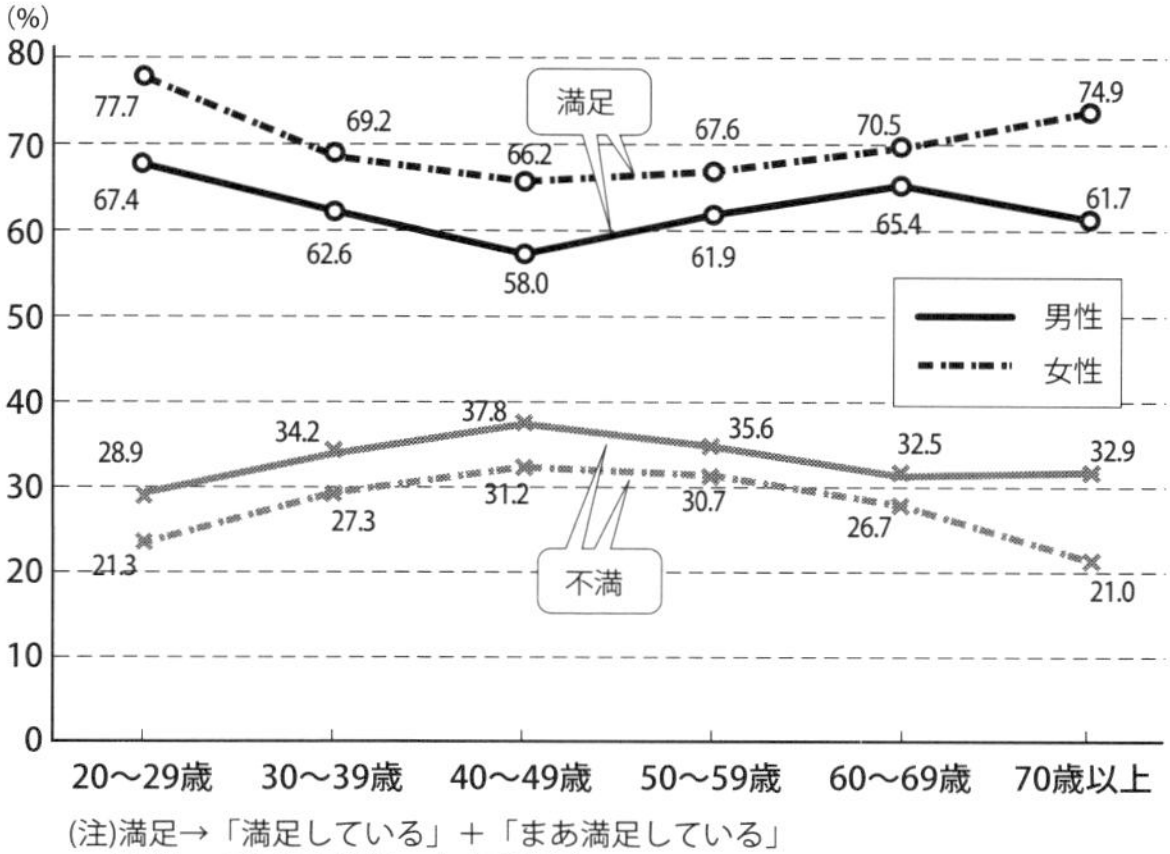

(注)満足→「満足している」＋「まあ満足している」
　　不満→「やや不満だ」＋「不満だ」　（出所）月刊 世論調査 平成10年3月号

図 3-2　暮らしに対する満足感【1997 年】

しかし、一九八〇年代からこの満足度のグラフが右肩上がりではなく、U字型になりました。最初は年をとるほど幸せな社会だったのが、だんだん中央にたるみが出てきている。つまり、四〇代前後の幸福度がもっとも低くなり、今や、幸福度が高いのは、未婚者を含む低い年齢層と年金で暮らす高年齢層になってきているのです（前ページの図3の1と2参照）。

拙著『パラサイト・シングルの時代』（ちくま新書　一九九九）でも述べたように、このU字型は、まさに、パラサイト・シングルの出現を示すものであり、若い層での消費の個人化と、それによる幸福を表しています。つまりパラサイト・シングルがこのブランド消費の牽引役として、自分の好きなものをひとりで消費し、買い続け出したのです。

かつて、パラサイト・シングルの調査をしたときにはびっくりしたものでした。なにしろ、親は海外旅行にも行っていないのに自分だけ行く、親はたいしたものを食べていないのに自分だけグルメをするなど、親を差し置いて自分ひとりで楽しむことになんら抵抗を感じない人たちを発見したからです。

調査のためのインタビューの段階で、それを当たり前のように話す若い人たちを見て、当時、年配の研究者たちはみな一様に、ぎょっとした表情を見せました。自分で収入を得るようになったとき、親の家族生活をサポートするわけでもなく、早く自分の家族生活をつくるようにするのでもなく、自分の好きなもの、こだわっているものを買い続けるという新たな個人の幸福の物語が、パラサイト・シングルの間に広がっていたのです。

若い層だけではありません。長寿化とともに年金制度も整備され、消費する余裕がある豊かな高齢者が増えてきたのも、八〇年代からでした。豊かな専業主婦が出てきたのもこの頃です。子育てがひと段落ついて、多少、お金の余裕が出てきた主婦、パートで稼いだお金のうちの一部を自分の小遣いにできる専業主婦が出てきたのです。

かくして、一九八〇年代から、若い層と高齢者、そして主婦の間に、ある程度の余剰なお金があって、自分のためにブランドが提供する商品を次々と買い続けることができる人たちが相当数出現しました。**家族の幸せではなく、個人の幸せを追求する人々が現れた**のです。

その一方、家族消費を支えるために働くのに精いっぱいの四〇代の男性が、もっとも割をくい、その結果、満足度がもっとも低い層となっていたのです。

おそらく広告業界もそのあたりから変容していったのではないでしょうか。なぜなら、この個人型の消費は、ブランドなくして成立し得ないからです。逆に言えば、ブランドというのは、そういう人たちのために必然的に出てこざるを得なかったものだともいえます。

一九七〇年代までの広告が、家族の幸せに必要だという家族消費の物語のなかに商品を組み込むのが中心なら、一九八〇年代からの広告戦略においては、**このブランドを買い続ければ個人的に幸せになれるという物語をつくり出すことが主眼となった**わけです。

3 消費不安の時代

＊ブランド消費の行き詰まり

ここまで、戦後から一九八〇年頃までの「家族消費の時代」と、それ以降の個人の「ブランド消費の時代」について述べてきました。そして「ブランド消費」が、家族の物語を完成してしまった人と、あきらめてしまった人の双方に見られることも示しました。ところが、今、そのブランド消費もまた行き詰まりを見せています。それは、家族の物語を完成してしまった人と、つくれなかった人の双方に見られます。

まず、家族消費の時代の幸福の物語をつくれなかった人たちについてですが、今、振り返ってみてみると、家族の物語がつくれないまま個人のブランド消費のなかに幸福を得ようとしている人たちも、本当は、やはり家族消費の時代の幸福の物語をつくりたがっているのではないかと思えるのです。つまり、先に述べたサブプライム・ローンの破綻（低所得者が高利のローンを組んでも住宅を買い、返済できず破綻する）に見られるように、アメリカにおいてもまだ、いわゆる豊かで幸せな家族という幸福の物語から人々が脱却しているわけではなかったのです。

日本では、結婚までのパラサイト・シングルがブランド消費の主役でした。が、それも実は、あくまでも、将来、大きな物語、すなわち、**結婚して家族の物語をつくることを前提とした、「つなぎ」のためのプチ幸福**ではなかったかと思えてくるのです。

豊かな家族生活を目指してはいるが、まだ始まらない（適当な相手が見つからない）ので、それまでのつなぎの幸福として、ブランドを消費していたにすぎなかったのです。

ブランド消費をしていた当時のパラサイト・シングルたちが、一生ずっと親と同居したままブランドを買い続ける気でいたかどうかは疑問です。

一方、家族の物語を完成してしまった人たちはどうかというと、多くは、ブランド消費に飽きてきています。なぜなら、それは主体的な消費ではないからです。つまり、自分で主体的に選んで消費している、というより、広告戦略とマスメディアのなかで、こういうものはいいものだと言われることによって買い続けてきたにすぎないからです。

たとえば、バブルの頃、若い人たちの間で、クリスマスに高級レストランに行って高級ホテルに泊まるというのが流行り、高級ホテルや高級レストランのイブの予約は何カ月も前から埋まっていたそうですが、みんな、メディアから、それが幸福をもたらすと吹き込まれ、信じ込まされていたからそうしていた。まさに、ブランド消費の典型でした。

今はもう跡形もなくなっていますが、当然でしょう、自分で選んでそうしていたわけではなかったのですから。

＊消費不安の時代の到来

現在、政府のかけ声とはうらはらに、消費より貯蓄の傾向が高まっています。比較的低所得の若者層にも、比較的余裕のある中高年層や富裕層の間にも、その傾向が見られます。とはいえ、統計的には、近年日本の貯蓄率は下がっています。

それは、貯蓄に回るお金がブランド消費に回るというよりは、収入が減少したことから、家族消費を必死に支えるために、貯蓄を取り崩しているというのが現状でしょう。いずれにしろ、若者層に消費の意欲はまったくみられません。

若者層は、バブル時代までは、いずれは自分も家族をつくって大きな物語に入り込めるのだろうと予測していたからブランド消費に走っていたし、バブル期はたしかに、黙っていれば給料が増えていくことが信じられた時代でした。その安心のもとに、個人消費が花開きました。

が、今や、その見通しが立ちにくくなってきたのです。就職は難しいし、就職しても給料が増えるかどうかわからない。結婚できるかどうかもわからない。その結果、貯金なり、安定したところへの就職なり、婚活なりに走るようになってきているのでしょう。

中年層の富裕層の間でも状況は同じで、現在の生活水準を将来も維持できるということに対する不安が高まった結果、ブランド消費への意欲が低下しているのだと思います。将来の生活が今と同じくらい安泰だと思えば、個人消費に走ることもできますが、不安があれば、今の生活水準を将来にわたって保つために個人消費を控えるのです。

結局、ブランド消費というのは、若者層にとっても富裕層にとっても、永続する幸せをもたらすものではありませんでした。なぜなら、家族消費と同じく、ブランド消費は「ブランドが幸福をもたらすと思う商品を買い続ける」ことが必要で、買い続けられなくなったら、不幸に転落するからです。

ブランド消費は、大きな物語の崩壊後、次の幸福の物語が見えなくなってしまったなかで、それが見つかるまでのつなぎのようなものにすぎなかったのです。


さて、バブル崩壊後のいわゆる「失われた一〇年」が終わったのちリーマン・ショックまでの数年間、日本経済は、いざなぎ景気を超える好景気だと言われましたが、はたしてそれを実感していた人たちは、どのくらいいたのでしょう?

輸出によってGDPは成長したかもしれませんが、それは、一部の輸出企業の利益と株主配当、役員報酬が増大しただけであって、国民全体の幸福には結びつきませんでした。

事実、その好景気とされた間に、非正規雇用社員の数は増大して、全従業員の三分の一以上を占めるに至り、その結果、従業員の平均給与は八%近くも低下しています。

将来に対する不安が高まれば、もう貧困に陥らないため、という消極的幸福に回帰せざるを得ません。積極的な幸福に向かってはなかなか乗り出せません。

サブプライム・ローンに端を発する金融危機が起こる前から、個々人の将来に対する不安は増大こそすれ減少することはなく、そこに起こった経済危機は、まさに、それまでの成長モデル、幸福モデルの行き詰まりを象徴的に示すものだったわけです。

最近、将来の不安を煽る本の売れ行きがよいそうです。この現象は、まさに、商品を買うという形の幸福から、飢えや苦痛を逃れることが幸福であるという消極的幸福への回帰を示す現象だと考えられます。

なぜなら、そのような貧困に陥るという状況を想像し擬似体験することによって、それから逃れている自分という幸福を実感することができるからです。まさに、**積極的幸福からの撤退**を示す現象だといえましょう。

＊目論見はずれたパラサイト・シングルと団塊の世代

加えて、日本全体の時代的・世代的特徴についても触れておかないわけにはいかないでしょう。

戦後から一貫して、わが国の年齢の中心層は、戦後のベビーブーマーたち、いわゆる団塊の世代でした。そして、八〇年代後半までは、かれらはまだ五〇前で、その人たちの「定年を迎えてからの自由な生活の消費」という夢、「まだまだ、いろいろなものが買えるぞ」という気分が日本中に満ち満ちていました。それを受けて、企業の側も、レジャーボートのような贅沢なものも売れるのではないかという期待を持つことができました。

ところが、バブルが弾け、団塊の世代の人たちの多くは、その五〇歳代を「失われた一〇年」の間に過ごすことになります。そして、ようやく景気が少し上向いたころには、六〇歳代。もはやかつての夢は持てません。

急速に進む少子高齢化のなかで、国全体も、消費どころじゃないぞ、老後の不安をどうくい止めようか、という方向にシフトしはじめてしまっていました。貯蓄より投資どころか、消費より貯蓄です。

一方、現在の若者世代（一九七五年生まれ以降）は、長い就職氷河期によって、フリーターなど非正規雇用が増え、正社員でも収入が増大することがなかなか期待できないわけですから、もともとお金の余裕がありません。

さらに、この世代の若者は、物心ついたときにはバブルが弾けていた世代で、将来に向かって成長していくという様を見たこともなければ経験したこともない。実感どころか、想像すらできません。その結果、「ずっと、こんな不安定な社会では、今以上の生活水準の向上が見込めないから、なんとか安定した生活ができて一生終われればいいいな」と思っている若者が大半を占めるようになりました。

さらに、かつて八〇年代から九〇年代はじめまで、団塊の世代とともに消費をリードしてきた元若者たち。かれらは、パラサイト・シングルとして、将来、大きな物語をつくることができるというのを前提に、そのつなぎの期間にブランド消費をしていたわけですが、バブル崩壊とともに、大きな物語がつくれるかどうかがきわめて怪しくなってくるなか、ブランド消費をやめざるを得なくなります。そして、貯蓄なり、資格取得なり、そして婚活なりに励みはじめます。

かくして、二〇代から三〇代の比較的若い人たちは、もはや消費の主力とはなり得なくなってきているのです。

これまで、家族消費であれ、個人のブランド消費であれ、「幸せをもたらす商品を買い続けること＝幸福」という物語（ストーリー）のなかで、日本経済は成長し、わたしたちの生活も経済的に豊かになっていきました。しかし、現在、直面しているこの消費不況を脱却するうえで、**これまでと同様の「幸せをもたらす商品を買い続けること＝幸福」というモデルがもはや通用しない**ことは、以上の点からも明らかでしょう。

つまり、今求められているのは、幸福をもたらすと考えられる画期的な新しい商品を開発することではありません。そのモデルの延長上で考えても、解は出ません。

そうではなくて、幸福そのものの検討です。新しい幸せの形です。そこを明らかにすれば、おのずと、新しい消費の形も見えてくることでしょう。

4 脱・消費社会の幸福

＊ゼロ成長社会の幸福とは

これまでの議論をまとめてみましょう。

戦後から一九八〇年までは、家族消費の物語の時代でした。いわゆるバブルの時代を迎えたころからそれが行き詰まりはじめると、代わって出てきたのが、個人によるブランド消費という、幸福物語でした。

いずれの物語も、「幸福を生み出すと期待される商品を買うこと」という点では同じで、それが、近代社会の幸福のシステムでした。すなわち、わたしたちは、

商品そのものを買っていたわけではなく、
その商品を買うことによって、それがもたらすであろう幸福を買っていたのです。

ところが、今や、そのシステムは行き詰まりを見せています。

それは、①家族消費が行き詰まり、家族に幸福をもたらすと信じさせることができる新しい商品を提示できなくなっていること、そして、②家族消費にしろ、ブランド消費にしろ、幸福を生み出すと期待される商品を買い続けることができなくなっている、あるいは、買い続けることができるという**「期待」が持てなくなってきている**ことによります。

これは、消費社会の幸福のシステムが、経済成長を前提としていたからです。家族消費の時代なら、家族の収入（夫・父の収入）が増大し続けることを、個人のブランド消費の時代なら、個人の可処分所得が増大し続けることを前提としていました。その前提に基づいて、幸福をもたらす商品を買い続けるという期待が持てました。

けれども、今、ゼロ成長の時代に突入しつつあります。というよりも、一九九〇年代半ば以降、家計の可処分所得は、平均で見るとほとんど増えていません。国のＧＤＰは多少増大していても、ここ一五年間、ほとんどの人々にとっては実質的にゼロ成長の時代だったのです。

さらに、二〇〇九年九月のリーマン・ショックは、これから家計所得が減ることはあっても増えることはないということを人々に思い知らせる結果となりました。

このこと自体は、以前から指摘されてきたことです。千葉大教授の広井良典氏は、『定常型社会』（岩波書店　二〇〇一）を提案していますし、森永卓郎氏の『年収300万円時代を生き抜く経済学』（光文社　二〇〇三）はベストセラーになりました。

これらの提言は、ゼロ成長時代のマクロ的社会のあり方を示すものであり、生活を守る（つまり、消極的幸福を保つ）ためにはどのようにすればよいかというものです。

しかしながら、では、ゼロ成長時代に商品を買い続ける以外に、個人はどのような幸福を感じることができるのか？　という点になると、はっきりとは書かれていません。

新しい幸せの物語が必要です。

つまり、**モノを買うことによってモノの向こう側にある幸福を手に入れるのではなくて、幸福そのものを直接得る、という回路**です。新しい幸福の物語をつくり、それをみなで共有していくことです。そして、その萌芽は、すでにあちこちに出てきています。

＊新しい幸福の物語

これから、第2章以降、電通チームハピネスの方々とともに、商品を買うことではない幸福のあり方のモデルを見ていきますが、まずは、幸福を解く鍵として、**「つながり」**と**「時間」**という二つの軸をあげておきます。

①つながりとは、**身近な人や社会からの承認**で、いわば、人生の平面軸です。
②時間とは、文字どおり人生の時間軸で、**将来の見通し**です。

「自分の人生が肯定される」というのが、積極的幸福の基礎にあります。社会のなかで、将来にわたってそうであると確信したときに、長続きする幸福が得られます。

かつての家族消費の物語は、この二つを満たしていました。家族団らんという言葉にも示されるように、身近な人とのつながりがあり、また、今は多少苦しくても将来は豊かになる、という将来への展望がありました。

新しい幸福の物語（ストーリー）も、この二つを満たすものでなければなりません。

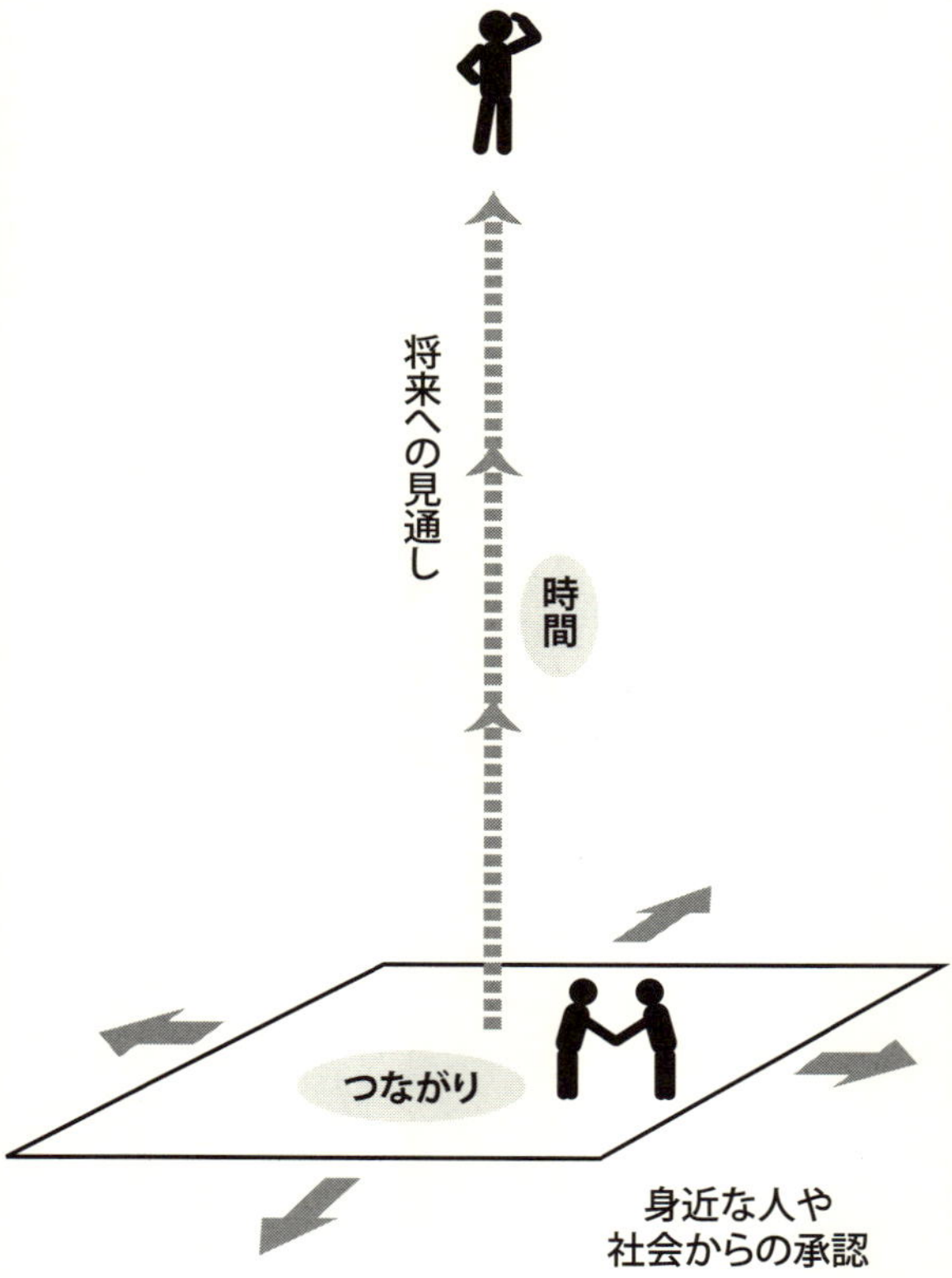

図４　幸福の２つの軸

では、新しい幸福の物語とは、どういうものなのでしょうか？
われわれが仮説としてあげるのは、次の三つの物語です。

①自分を極めるという物語　（美的感覚）　個人－個人の内的感覚
②社会に貢献するという物語　（社会の成員感覚）　個人－社会の関係
③人間関係のなかにある物語　（物語の共有感覚）　個人－個人の関係

必ずしも、モノを消費することとは限りません。ただ、ブランド消費に陥ることなく、これらの感覚を得るためにお金を使うのが、今後、増えてくる消費のあり方ではないかと思います。

＊幸福サポート産業への期待

先日、いっしょに新しい消費のスタイルを研究しているスタッフ（開内文乃）が、「山田先生にぴったりのツアーを見つけた」といって、アジアの一流ホテルに泊って、「アジア

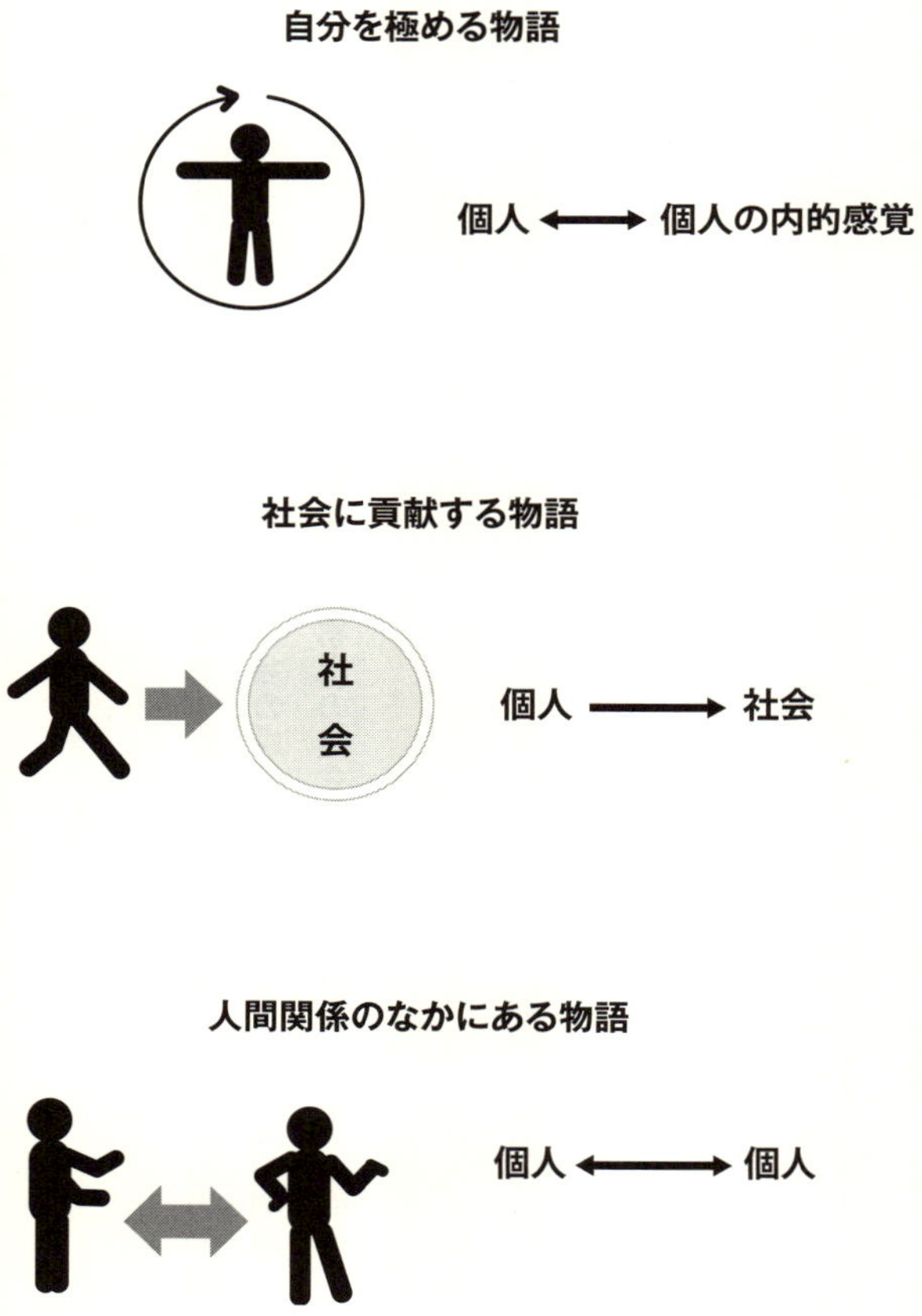

図５　３つの新しい幸福の物語

の若手の演奏家を支援する」というツアーを勧めてくれました。アジアの若手の演奏家が、地元のホールでコンサートを開くのをみんなで聴きに行く、そして拍手してあげる、というツアーだそうです。

これ以外にもさまざまなボランティアをしに行くツアーが、旅行会社の学生向けの目玉ツアーになっています。最近の若い人たちは、発展途上国の孤児院訪問などボランティアのための旅行にお金をかけて出かけていくのです。つまり、ボランティアという仕事をすることと自体が消費になっているわけです。

ここでいうボランティアという活動は一種の仕事です。**「仕事によって他人を幸福にすること＝幸福」という回路を実現することにお金をかける人たちの出現**です。今や、「観光旅行という商品を消費すること＝幸福」ではなく、「ボランティアすること＝幸福」なのですから、旅行会社は、それをサポートするというサービスを売っているのです。

旅行会社に限らず、今後はこうした活動をサポートするような産業に、広告の需要などが生まれることで、産業界も少しずつ変わっていくのではないでしょうか。つまり、ボランティアのサポートをする産業が成り立つわけです。このことの是非はともかくとして、そうした動きはすでに出てきています。すなわち、

消費は、幸福のストーリーに必要な商品を買うことではなく、幸福のストーリーをサポートするためのものとなります。

企業は、幸福をもたらすと信じられるモノを作って売るのではなく、人々が幸福になることをサポートすることによって利益を得ます。こうした新しい消費、新しい商品開発、新しい産業が、沈滞した現在の経済を活性化していくことができるのではないでしょうか。

いずれにしろ、今後、たとえ景気が上向きはじめても、かつてのような大きな家族の物語で、高度経済成長期のような好況をつくることはできませんし、バブルのときのように、みんなが上から言われたものをブランド的に買い続けるような状況は望めません。もし、近い将来、好況がくるとしたら、先ほどあげた三つのストーリーにおける消費がもたらすものでしかあり得ない。消費不況から脱却するには、この新しい三つのストーリーを育てていくしかないと思います。

次章からは、消費論の立場から電通さんにバトンタッチして、その具体的な形を示していきます。

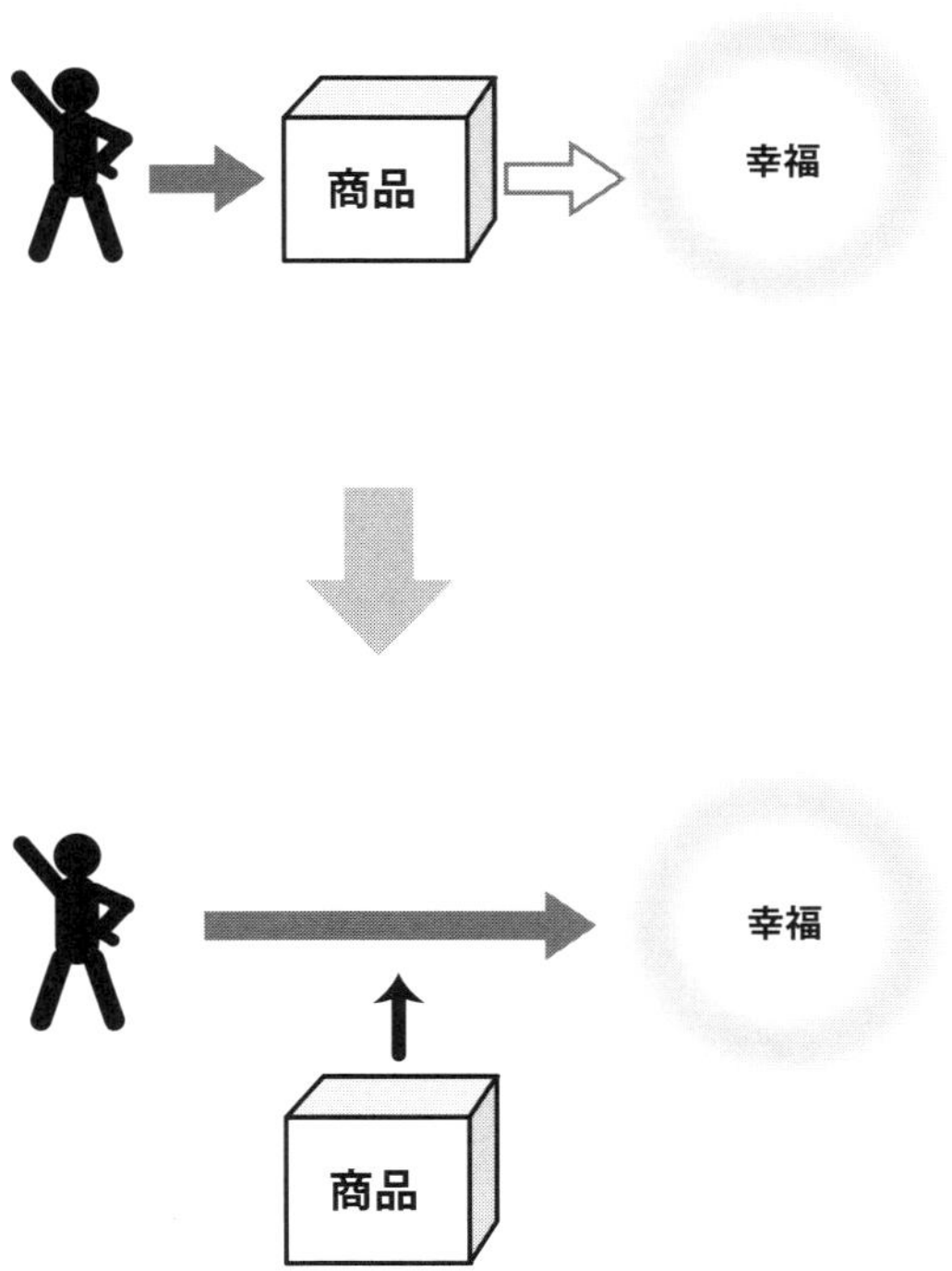

図6　消費の新しい意味

第2章

幸福が見えれば消費が見える

電通チームハピネス

1 なぜ今、幸福ブームなのか

＊変わりゆく価値観

自分の価値観が変わっていくことに、人は案外、気がつかないものです。しばらく経ってから、そういえば最近、家族で食卓を囲んでいても同じものを食べていないねとか、テレビの前に家族が揃っている時間がなくなったね、などと言います。変わった瞬間には自覚していないのです。

不況の時代が続く日本で、お金持ちになる、ショッピングを楽しむ、トレンドの先端を追うということより、今、改めて人生の幸福について考えている人が増えています。これも、自分では気がつかないうちに価値観が変わったために、求めるものが変化してきているということです。

人気モデルの押切もえさんが最近出した本『モデル失格』（小学館　二〇〇八）のサブ

タイトルも「幸せになるためのアティチュード」。社会で成功することよりも、幸せであることのほうがより重要な目標として描かれています。

インドの隣にある小さな国ブータンは、ＧＤＰに対抗して以前からＧＮＨ（Gross National Happiness）＝国民総幸福量を国の政策目標として掲げ、二〇〇九年、ブータンの憲法の条文に入れようという動きもあります。日本の『国民生活白書』でも「幸福の探求」に数ページをあてています。

第１章で山田が引用したジグムント・バウマンも指摘するように、幸福自体は本来、追求するものではなくて、何かほかの目標を達成することによって、あるいはそのプロセスで意図せずにはっと気づかされ、結果として感じるものでした。でも、今、「幸福になりたい」、「どうすれば幸福になれるか」と幸福を直接追求したい人が増えているのです。

それは今までどおりの家族消費の物語を続けていても幸福になれないことを実感し、家族消費の結果として感じられる幸福を信じることができず、直接的に幸福を求めるようになったということです。家族消費の物語から新たな物語へと価値観が変わりつつあるという意味で、これは今の時代独特の現象だと考えてよいでしょう。

結婚したほうが幸福になれるのか、結婚せずに仕事を続けたほうが幸福になれるのか、企業に就職せずに資格をとって弁護士や税理士になったほうが幸福なのか……わたしたちは何を求めたらよいのか曖昧なまま、とりあえず幸福のありそうな方向に向かっているのです。

このような時代を反映して、もうずいぶん前から、人々のニーズを読み解くのが得意なはずのマーケターにも、人々が何を求めているのか、また消費トレンドがどこにあるのか見えにくくなってきています。

家族消費の物語の時代には、消費とは大衆消費であり、ひとつの方向性が社会トレンドとなったので、少し感性を研ぎ澄ませれば、それを読み解くことは、さほど困難ではありませんでした。ところがポスト家族消費時代には、そうした消費トレンドが消えたように見えるのです。

人々には欲しいものがあって、それを満たせば幸せになるというのが、家族消費とブランド消費の時代でした。しかし、いつまでも人々が、「これがあなたが欲しいものですよ」と提示されたものを欲しいと感じ、それを購入することで幸福を得てくれている、という思い込みで現実を見ているだけでは、今の消費の姿は見えてきません。

なぜなら、今では人々は、家族の幸福ではなく、個人の幸福を求めて消費をするようになっているからです。さらに、ブランド消費のようにお金で買えるもので得られる幸福ではなく、お金で買えるものの向こう側にある幸福を求めているからです。

モノを所有する幸福を求めているのではなくて、モノを所有する先にある幸福を得るための手段として消費するようになってきたのです。

＊商品につけられた二つの値段

もうひとつ、人々の価値観が変わったことで、同じジャンルの商品に、とびきり高い商品とかなり安い商品という、二つの商品グループができているのにお気づきでしょうか。

家族消費とブランド消費の時代には、人の目を気にしてそこそこのものを選ぶ志向がありました。余裕があればさらにワンランク上のモノを買いたいと思い、実際に商品を選んでいるうちに、ついつい予算をオーバーした商品を買ってしまうことも多かったはずです。

つまり、多少無理をしても、できればより性能が良い最新の商品を欲しいと思って消費していました。

ところが、最近は価格志向（安いものを選んで買い求める傾向）が強まっています。価格志向はいつの時代にもありましたが、最近の価格志向は、従来の価格志向とは様相が違います。

九〇年代半ばにも激しい価格破壊がありましたが、このときの価格志向は、安売りのハンバーガーや一〇〇円均一、ユニクロのフリースなど、こんなものがこの値段で買える、という「消費の喜び」が伴っていました。モノを買うことに喜びがあって、「幸福を生み出すと期待される商品を買い続けること＝幸福」という物語が残っていたのです。

しかし、最近の価格志向は、日々の食材のように、強烈に欲しいわけではないけれど必要なもの、本当は買わずにすませたいけど必要だから仕方なく買うものをより安く手に入れようというものです。それは生活のコストとして買っているだけなので、買うことによる喜び（＝幸福）はほとんど得られません。

それを反映したのが、同じジャンルの商品の中に生まれた二つの価格帯です。

ブランドや製造国にこだわらないならば、冷蔵庫や洗濯機も数万円で買えますが、国産のブランドメーカーの最新式の商品なら二〇万円以上します。パソコンも、五万円以下のノートブック型のものから、ブルーレイディスクドライブがついて、テレビ録画やビデオの映像編集ができる二〇万円以上のものまであります。
食事でも、安くすませようと思えば牛丼屋やハンバーガーショップで食欲は満たせますが、その一方で、ミシュランの東京ガイドで紹介された三ツ星のレストランのような高級店にも人気が集まっています。

ここで注目したいのは、お金を持っている人がすべて高いものを、お金に余裕のない人が安いものを選んでいる、というわけではないことです。自分の興味のあるもの、自分がお金を払う価値があると思うものに高い金額を払い、そうでないものは安くすまそうとしているのです。要するに、ある商品を前にした消費者は、次のような二つの種類の人間のどちらかに分かれてしまうのです。

ものを冷やしたい人　と　ものが冷えればいい人
衣服を洗いたい人　と　洗えればいい人
パソコンを使いたい人　と　パソコンとして使えればいい人

食べたい人　と　食べられればいい人
クルマに乗りたい人　と　クルマに乗れればいい人

「〇〇したい人」はかつての物語に乗って、消費に喜びを見出せる人です。「〇〇できればいい人」はもはやその物語を失って、従来の消費生活から離れようとしている人です。この両者の差、「〇〇したい人」から「〇〇できさえすればいい人」の心の温度を引いた差が、社会で失われた消費の喜び（＝幸福感）ではないでしょうか。

インドのタタモーターズという自動車会社は、〇九年三月に「ナノ」という超低価格のクルマの発売を発表しました。値段は約二〇万円です。四人乗りで最高時速は一〇五キロ。エアコンやエアバッグ、パワーウィンドウも標準装備されていないということですが、このクラスの乗用車のなかでは排気ガスの量がもっとも少ないそうです。

このような商品が出てきたことには大きな意味があります。それは、個人の消費生活の値ごろ感のなかでは、クルマは二〇万円で十分だという感覚が芽生える可能性があるということです。

日本では、家族で乗るクルマは二〇〇万円前後のもの、という値ごろ感があります。あまり余裕のない世帯向きには一〇〇万円ちょっとの価格帯のクルマも用意されてはいるものの、二〇〇万円が人並みだという値ごろ感を支えていたのが家族の物語です。

ここで、家族の物語が失われたとすれば、クルマにそれほど興味がない人は、クルマよりも食べることやファッションにお金をかけたい、そのほうが幸福が得られると判断するわけです。

消費者の興味が多様化して、クルマから別の分野、たとえばパソコンに移っていってそこで消費が拡大していれば、日本の経済は大きく落ち込むことはありません。が、現実には、家族消費の物語に支えられていた消費分野が次々と脱落し、「個人的な値ごろ感」に下がっているのです。それが今の価格志向の正体です。そうして、安く買う人は、それだけ消費から得られる自分の幸福を減らしているのです。

2 幸福を解く鍵は何か?

家族消費の物語と幸福の密接な関係が、人々の価値観の変化によって徐々に崩れはじめているのは確かなようです。そして、おそらくこの流れを押し戻すことはできないでしょう。わたしたちはさらに前に進んで、幸福の物語を見つけていく途上にあります。

かといって、直接、幸福を得ようとしても、あてのない自分探しをして疲れ果ててしまうのがいいところでしょう。より戦略的に幸福にアプローチすることが必要です。

そのポイントは二つあります。

ひとつは、家族消費に代わる幸福の鍵が何かを探すこと。家族消費に代わる幸福を解く鍵が見つかれば、道に迷わずに幸福に至る最短距離を見つけることができます。

もうひとつは、家族消費の物語に代わる幸福の物語が何なのかを探すことです。単に幸福の断片と戯れるのではなく、ある程度の期間は持続可能な「物語」を探すのです。

本来、幸福と消費の関係は、一般に考えられているような、消費が幸福を与えるという因果関係にはありません。消費をしていなくても幸福を感じることはできるし、愛や尊敬など、本当に欲しい幸福はお金では買えないからです。しかし、いつのまにか、お金があって欲しいものをたくさん手に入れられることが幸福だという、家族消費の物語の価値観が根づいてしまいました。

が、今人々は改めて、新しい価値観を持って幸福に向けて行動しています。そこでは消費は、幸福を得るための「道具」として、幸福を支えていくことになります。

さらに、今までの因果関係のように、幸福になるために消費するのではなく、幸福だから消費する、という新しい因果関係も生まれてきています（これは後で説明します）。

いずれにしろ、これからの消費を知るためには、幸福について知らなければならない、のです。

＊幸福の正体

さて、人々が幸福だととらえているものの正体は、どのようなものでしょうか。

一般に、幸福は三つの要素から成り立っているといわれます。それは「お金」「健康」「人生の充実感」です。が、このうち、必ずしも当てはまらないのは「お金」だというのは今まで見てきたとおりです。

「健康」は幸福の重要な要素ですが、病気でないという意味での「健康」は、失ってはじめてわかるもので、それ自体を追求していくものではありません。なかには、「健康オタク」と呼ばれる人がいて、健康のためなら体を壊してもいい（！）という価値観の人もいますが、ここでは除外します。英語では幸福はHappinessという言葉のほかにWell-Beingという表現も多く使われ、Well-Beingという意味での健康は、この本で取り上げたい幸福の範疇に入っています。

最後の「人生の充実感」ですが、これこそがこの本で取り上げていきたい幸福の中心にあるものです。電通チームハピネスが行った調査によると、自分がもっともうらやましいと感じる人は、「夢を持っている人」でした。「お金を持っている人」をはるかにしのいでいます。所得が増えて衣食が足りて、最後に人生の充実感を求めているわけです。

とはいえ、ただ夢を持っていればよいというわけではありません。将来、ミュージシャンになる夢を持ちながら、定職にも就かず結婚もせずに夢を追いかけているだけの人にあこがれているわけではなさそうです。あこがれの夢追い人には、夢を追いかける前提としての生活条件が整っていなければならないのです。すると、夢を追いかけるのもよいけれど、やっぱりお金がなければ幸福ではない、と堂々巡りになってしまいますが、それでは話が前に進まないので、ある水準まではお金は幸福に必要だが、それ以降はお金で買えるものの向こうにある幸福を求める、ということでとどめておきましょう。

さて、幸福の正体をはっきりさせるため、哲学者や経済学者などさまざまな知識人が、幸福を数量化しようと試みてきました。かれらが幸福をとらえる視点は、他人が観察して把握できる客観的な視点と、本人の気持ちが決めるものだという主観的な視点とに大きく分かれています。

客観的な視点の代表は、経済的な豊かさで幸福を測る考え方です。現実に、国民の一人当たりＧＤＰ（一人当たりの所得とほぼ等しいものです）は、国民の幸福を測るひとつの判断基準となっています。そのため、政府は経済成長を続けようと政策運営をしています。

お金持ちで、会社の社長をしていて、大きな持ち家に住んでいる人は幸福だといえそうです。でも、一般的にお金持ちは幸福だという傾向は見られますが、幸福ではないお金持ちもたくさんいます。逆に、お金がなくても幸福な人はもっとたくさんいるでしょう。

表情がいつもニコニコしている人を幸福そうな人だということがありますが、それも正確な判断基準ではないでしょう。その人が幸福かどうかについて、客観的な基準でできるのはおおまかな傾向の予測だけで、正確な判断はできないのです。

そこで、幸福は主観的なもの、つまり自分の心が幸福かどうかを決める、というのがもうひとつの見方です。その人がどんな状況で生活しているかは問わず、「幸福だ」とアンケートで答えた人は幸福なのだ、と判断するのです。

同じ状況を経験していても、人によって感じ方は違っていて、水が半分入ったコップを見て、「まだ半分ある」と見る人は幸福な人ですが、「もう半分しかない」と見る人は幸福ではないとするわけです。このように、幸福かどうかは、自分の心が決める主観的なものととらえるのが、専門家の間では一般的な認識になっています。

*他人との関係のなかにある幸福

しかし、それでは、小さな幸福探しをして満足している人がもっとも幸福で、より大きな幸福を求めている人は幸福ではない、という実感に合わない結果になってしまいます。先の「夢を持っている人」というのがうらやましいと感じていることとも合いません。

寺山修司は、「多くの人に出会い、交わり、影響を受け合うこと」を「幸福」と定義していたそうです。自分の中で幸福だと感じているだけでなく、自分の生き方を他人から祝福され、また、自分が他人の幸福に役立っていると実感することで、自分も幸福になるという考え方です。

最近、特に、社会に役立ちたいという意識が高まってきています。また、働き方でも、高い収入が得られることよりも、他人を喜ばせることのできるやりがいのある仕事を選びたいという人が多くなっています。

人は自分の心の中で幸福を持つだけでは足りず、他人とのつながりの中に幸福を見つけていくのです。と同時に、職場でも、人生の中でも、自分だけで良いと思っていても自信は持てませんが、他人から承認されることによって、自分の存在を肯定することができ、自信を持つことができるのです。

自分の存在を肯定すること、自分の居場所が仲間のなかにあること、この二つが人々の切実な人生の課題になっています。

自分で自分の存在を肯定するとは、すなわち、「**自尊心**」です。自分の居場所が仲間のなかにあるとは、すなわち、他者からの「**承認**」です。この二つは、幸福の正体を解く、大きな鍵となりそうです。

幸せになるためには、自分を承認してくれる他人を必要とする――人々が求める幸福は、主観と客観の間、人とのつながりのなかにあるのです。

＊「フローの幸福」と「ストックの幸福」

幸福をとらえるには、以上の「自尊心」（＝自分の存在の肯定）と「他人からの承認」で十分な気もしますが、今の幸福のあり方を読み解くには、もうひとつ別の要素が必要です。それが「時間」です（五八ページ　図4参照）。

前近代社会では、時間は流れるものではなく、目の前にある瞬間がすべてでした。日々を充実させて生き、一日が無事に終わることに感謝できることが幸福な生活でした。ところが近代社会になって、「時間」は流れるものとして認識され、人々は将来の見通しを心配しなければならなくなりました。

それでも右肩上がりの時代には、今が幸福なら人々は安心して将来にわたって自分の人生が幸福であることを信じられましたが、右肩上がりでなくなった今の時代では、不安が高まるようになってしまいました。

幸福にとって、今の生活が今後も続けられるという「生活の持続性」がより重要な関心事になっています。かつての成長時代の日本のように、幸福のエスカレーターに乗れなくなり、幸福になれることが当たり前でなくなったことが、人々が幸福に関心を寄せはじめた最大の理由でしょう。

経済学に心理学の考え方を導入し、二〇〇二年にノーベル経済学賞を受賞したダニエル・カーネマン教授の説によると、幸福には「フローの幸福」と「ストックの幸福」がありま す。

「フローの幸福」とは、自分に好ましい刺激を受けたときに刹那的に感じる幸福です。宝くじに当たった瞬間、競技で一着になった瞬間、おいしいものを食べた瞬間に感じる幸福感です。「あなたにとってどんなときが幸福ですか」と尋ねられて、とっさに出てくるのがこの種の幸福です。これらの幸福はその瞬間が絶頂で、その後徐々に幸福感が冷めていきます。

それに対して「ストックの幸福」は、ある程度の期間安定している幸福感です。「あなたはふだんの生活でどの程度満足していますか」と尋ねている、内閣府の「生活満足度」はこのような幸福感を測定したものだと考えられます。

アリストテレス、ヒルティ、アラン、バートランド・ラッセルなど、数々の思想家が論じてきた幸福論で説いていることも要約してみれば、
①「物質的・金銭的に豊かな幸福」より「精神的な幸福」を
②「刹那的な幸福」より「人生の幸福」を
ということになります。これらはフローの幸福よりもストックの幸福を重視せよと言っているのです。


わが国でも、バブル期までのように、生活の基盤が安定しているときには、幸福な瞬間がたくさんあればあるほど幸福な気持ちになれました。なぜなら、将来、次々と商品が現れ、今と同じようにそれを買い続けられることがほぼ確実だと信じられていたからです。

しかし、近年のような経済的に不透明な時代、生活の基盤が不安定な人にとっては、ま

ずは生活の安定を見込める状態にあることが優先されます。たとえば、正社員になって安定した収入が得られる、安定した収入のある人と結婚して家族を持つ、持ち家がある、貯蓄がある、ということが幸福につながるのです。

利那的な幸福感を積み重ねることよりも、将来に向けて持続する幸福感がより求められているのです。だから、たとえ現状が貧しくても、将来に夢があり、着実にその夢に向かって進んでいる状態がうらやましいわけです。

幸福に時間という要素を加えて「ストックの幸福」に注目すると、幸福についていくつかの興味深いポイントが発見できます。

まず、これまで生きてきた人生の中の「幸福の濃さ」です。幸福感は、今まで生きてきた人生の時間の中で、あるいは一日二四時間の中で、夢中になれる時間がどれだけあったかという割合によって決まると考えられます。といっても厳密に夢中になった時間を測定して割合を出した値ではなく、あくまでも印象による割合です。

この「幸福の濃さ」という感覚でとらえた幸福を解く鍵を**「時間密度」**と名づけてみました。その期間に起こったことにどれだけ夢中になれたかに対する指標です。

「時間密度」は印象による評価なので、「終わり良ければすべて良し」ということわざがあるように、最初はパッとしなくても、最後にすばらしい結果を残して終われば、良い印象の濃度は上がるでしょう。夢中になった時間がその期間のどこにあったかによっても印象は変わるのです。四〇年の会社生活の中で、最初の一〇年は輝かしかったけれども後の三〇年はパッとしなかったら、時間密度は低いと感じます。四〇年の間、ずっと仕事を楽しんできたような人は時間密度が高いと感じます。

幸福と時間の関係では、好きなことをできるタイミングが自分の意思で自由になるかどうかも幸福に影響します。

旅行好きな人が、若くて行動力のあるときにはお金も時間もなくて旅行に行けないのであれば、仕事を辞めて年をとってから時間とお金ができて旅行ができる将来が待っているにしても、幸福感は低くなります。また、自分の好きなことであっても、仕事にしてしまうと苦痛の種になってしまうのは、やりたいときにやりたいことをする自由がなくなってしまうからです。

自分の考え方や行動を自分で好きなように決定できること、つまり、**「裁量の自由」**も、幸福の不可欠の要素です。

また、個人の自由の別な面として、常に自分にとって適切な難易度や大きさのものと取り組む「手ごたえ」があります。自分にとって大きすぎも小さすぎもせず、難しすぎず易しすぎもしない課題に取り組むときの「手ごたえ実感」も幸福の要素です。自分のペースや能力を超えて課題を押しつけられ過度なストレスを感じることがない、さらに、課題をこなした苦労がいずれ報われる、という幸福感です。この**「手ごたえ実感」**も幸福を解く鍵として取り上げました。

＊幸福を解く五つの鍵

以上、他者との「つながり」のなかから取り出した**「自尊心」**と**「承認」**、そして、時間という軸から取り出した**「時間密度」**と**「裁量の自由」**、**「手ごたえ実感」**の五つの因子は、実は、山田と電通チームハピネスが仮説として考案し、それを調査によって検証して導き出したものです。

全国の二〇～六九歳の男女五〇〇〇人を対象に、どのようなことに幸福を感じるかを調査をした結果、次のような五つの因子が得られたのです。

第一は、時間の充実度と将来の希望に関する因子
第二は、承認欲求の満足に関する因子
第三は、裁量の自由に関する因子
第四は、内的肯定の因子
第五は、外からの強制を受けない自由に関する因子

第1因子に、「時間密度」と「手ごたえ実感」が重なり、「裁量の自由」が第三と第五因子に分かれるという結果にはなりましたが、だいたい、この五つの鍵で幸福を解くことができそうです。

＊幸福のペンタゴン・モデル

以上をまとめて、商品を買うことに代わる新しい形の幸福を解く鍵として、幸福のペンタゴン・モデルとして提示することにしました。幸福のペンタゴン・モデルは、家族消費とブランド消費の物語に代わる「新しい幸福の物語」を進めて幸福へと導く五つの鍵です。


「時間密度」は、その物語に夢中になり没入するために必要な鍵です。

「手ごたえ実感」は、努力が報われ、やりがいを感じる価値を評価する鍵です。

「自尊心」は、その物語を自分から内的に肯定する鍵です。

「承認」は、その物語を他人が外から肯定する鍵です。

「裁量の自由」は、自分が物語の進行をコントロールする主人公であることを認識する鍵です。


この五つの鍵が、消費に代わって、幸福に直結する道を示しているのです。

以下、この五つの鍵を手がかりに、現在新しく生まれつつある消費と幸福の物語との関係を探っていきますが、その前に、それぞれの鍵の意味をもう少し詳しく述べていきます。

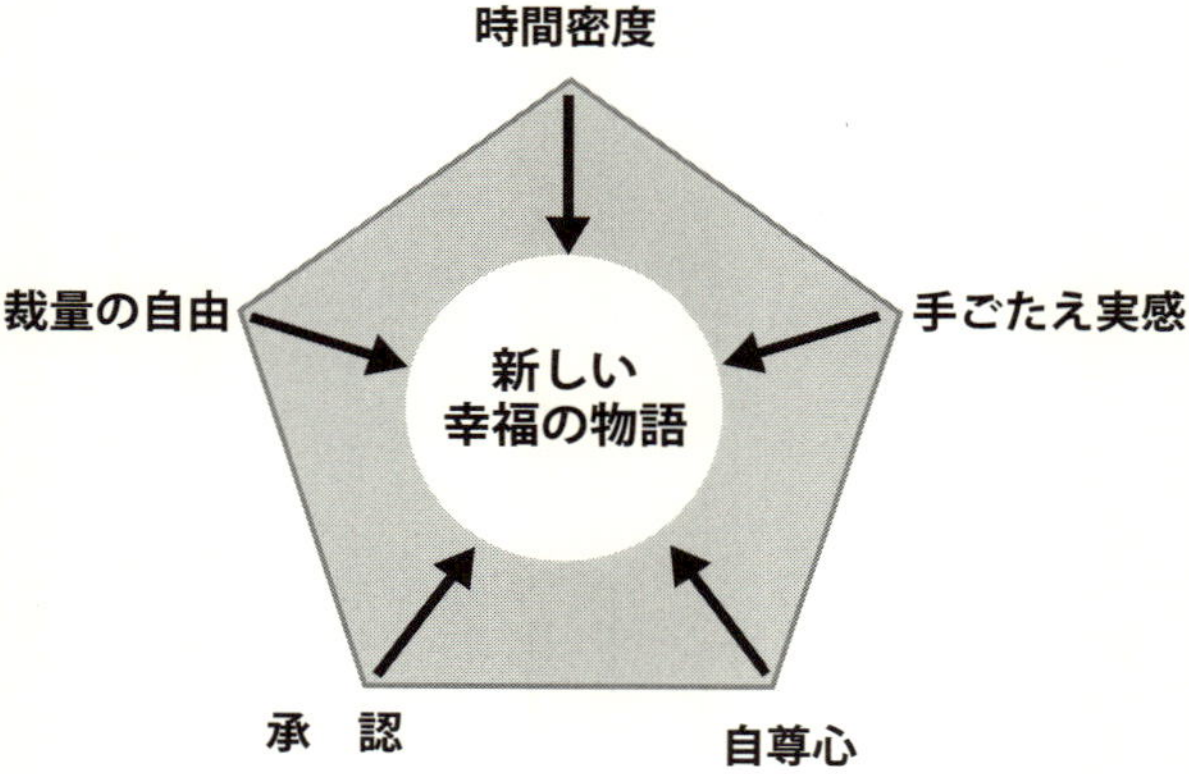

図７　幸福のペンタゴン・モデル

3　幸福のペンタゴン・モデルの考え方

①「時間密度」

「時間密度」とは、人生の時間の中で、充実した時間の割合の大きいことをいいますが、充実した時間には、二つの種類があります。

ひとつは時間を忘れるほど夢中になっている時間です。ゲームをやっているときのこともあれば、何かにはまって半年ぐらい夢中になっているときのこともあるかもしれません。つまり、今が満ち足りている時間です。

もうひとつは、将来の夢としっかりと結びついたことができている時間で、今はこれをすること以外には思いつくものがなく、他に迷うことがない状態です。夏のロック・フェスティバルには必ず行くと決めている人が、その会場で盛り上がるのを楽しみにしてどんなに仕事が忙しくてもてきぱきと仕事を片付けているようなときです。

このような、感動や充実感で満たされた時間が、「時間密度」の感覚です。人生の大部分の時間をこのような密度の高い時間で満たせる人は、まさに幸福な人でしょう。

人は誰でも、自分に与えられた一日二四時間をどのような活動にあてるかを選択して生きています。しかし、何かを選択するということは、何かをあきらめることでもあります。この、あきらめなければ得られたかもしれないものの価値を「機会費用」といいます。自分がそれを選択しなければ得られた可能性が高い幸福感です。「時間密度」が高い人は、機会費用が無限小となり、確信を持って今を生きている人です。

機会費用の考え方からすると、将来の夢や目標に対して、今行っていることが確実にプラスに働いているときに幸福を感じることができます。将来に美容師になる夢を持つ人が、夢の実現のためにハンバーガーショップで働いてお金を貯めていることは、日々充実していて「時間密度」の高い状態だといえます。でも、アルバイトが忙しくてなかなか美容師になる足がかりが得られず、夢にとっては足踏みをしているように感じるときは、「時間密度」は低くなります。

年配の方で、「若い頃は貧乏で何も買えなくて、人に助けられながら外国で苦労したが、振り返ってみるとその頃がいちばん幸福な時代だった」という方がいらっしゃいます。それは将来の夢や希望とそのときの行動が結びついていたので、「時間密度」が高い状況にあったからなのでしょう。

このように、「時間密度」とは、①現在の行動にいかに夢中になれているか、②その行動が将来の自分の夢や目標としっかりと結びついていて機会費用を感じずにすんでいるか、に関する尺度です。

②「手ごたえ実感」

知っていることが増えたとき、できなかったことができるようになったとき、お金が増えているとき、自分が成長しているのを実感したときなど、人生の手ごたえを感じるとき、わたしたちは、幸福を感じると思います。それが、「手ごたえ実感」です。

仕事を楽しいと感じている人は、仕事の「手ごたえ実感」があるはずです。次々に新しいレベルに挑戦し、それを乗り越える達成感にも「手ごたえ実感」があります。職場で、幸福な人とそうでない人を分けるのは、上司から適切な課題を与えられ、それをこなすことに自分がやりがいや手ごたえを感じているかどうかです。

こうしたことから、手ごたえ実感を得るには、自分の人生に課題を持っている必要があることがわかります。


ここでいう課題とは、目の前にある障害ではありません。行く手を阻む障害は「問題」です。「問題」は自分にはどうしても解けない壁でもあり、また、人生においては取り組むだけで解かなくてもよい問題もたくさんあります。一方で「課題」は、「問題」を解決できるようにとらえ直したものです。適切な「課題」とは、一見難しそうに見えるものの、じっくりと取り組めば解けるようにできていて、やりがいのあるものをいいます。

そうした適切な「課題」が先まで見通せるように連なったものを「夢」といいます。ですから、「夢」のある人とは、今やっていることを次の「課題」へとつなげ、それをさらに大きな「課題」へと、次々につなげていける人だと言うことができます。才能が豊かでも、幸福になれる人とそうでない人がいるのは、この課題のつながりを一つひとつ手ごたえを感じながらつなげていく「努力」をするかしないかの差なのです。

そして、その努力が報われることが実感できるとき、わたしたちは、「手ごたえ」を感じるのです。

「手ごたえ実感」を得られているとき、人は、人生に迷いがなく、夢や目標をしっかりと持つことができます。そして、夢や目標に向かって努力するエネルギーにあふれてきます。明日することがはっきりと決まっていて、それが自分の人生の夢や目標にしっかりとつながっているとき、その人は、いつも人生に前向きで、周りの人が見ても幸せそうに見えているはずです。

「手ごたえ実感」は、その物語を生きるやりがいがあるかどうか、努力が報われる期待が持てるかどうかを見極めるための鍵なのです。

③「自尊心」

「自尊心」は、自分が生きている幸福の物語を自分で肯定できるかどうかを判定する鍵です。幸福にとって「自尊心」が大切なのは、同じ状況に置かれていても、その状況を肯定的にとらえるか、否定的にとらえてしまうかによって、その人が幸福かどうかが決まってしまうからです。太宰治のように「生まれてきてすみません」と思っているような人は、決して自分を幸福だとは思わない人でしょう。

その意味では、性格として物事をポジティブにに考える傾向のある人は幸福になる素質があるといえます。実在するかどうかは別にして、「アルプスの少女ハイジ」のような人は、幸福になることを運命づけられたような人です。

心理学の研究で、生まれた後に別の環境で育てられ、調査時点ではまったく別の境遇で暮らしている一卵性の双子と一卵性でない双子の幸福度を測定した結果、一卵性の双子は一卵性でない双子と比べて幸福度が一致する割合が高かったという報告もあるそうです。

でも重要なのは、自分の人生経験の積み重ねのなかで、自分を肯定し、自分を好きになれるよう努力して「自尊心」を高めていくということです。

ルールを守り、礼儀正しくあり、他人にとって役に立つ人物であろうとするのも、ファッションにこだわって、少しでも他人からよく見られたいと思う気持ちも、自尊心の表れです。自分の持つモノや乗るクルマも、自分にふさわしいものにしようと少しでも質の良いモノを求めるのもまたそうです。

テレビで売れっ子になっているタレントには、きらきらしたオーラを感じます。人から注目され期待が集まると、自分を良くしたいという気持ちも高まります。女性は恋をするときれいになる、と言われるのもこのような効果です。地位が人を育てるというのも、その地位にふさわしい自分になろうと、本人が努力するからでしょう。

もっと人から注目されたい、もっと人から好きになってもらいたいと思う気持ちは、他人に気を使ったり、他人のすることに関心を持ったりすることにつながります。さまざまなことに興味を持ち、何をやってもおもしろく感じられます。

その反対に、「自尊心」が弱まると、自分が気を使ったり、努力することの意味がわからなくなってきます。自分がどんなにがんばっても、誰にも注目されたり期待されたりしない、誰にも影響を与えることができないようでは、無力感にさいなまれて自己嫌悪に陥ってしまいます。自分のことを好きになれないことは幸福の敵なのです。

すなわち、わたしたちは、他人から認めてもらえる自分を好きになりたいのです。だから、自分を認めてもらうためには他人が必要なのです。ひとりよがりな自己愛ではなく、他人の中にいる自分を好きになれる人が幸せな人です。ですから、本来、自分で自分を肯定するという意味である「自尊心」にも、他人の存在が欠かせないのです。

「自尊心」は、自分の幸福の物語を自分で自信を持って生きることができるという幸福を与えてくれる鍵となります。

④「承認」

自分が生きている幸福の物語を、いくら自分が肯定していても、他人から認められなければわたしたちは幸福にはなれないようです。

他人から尊敬され、大切な人として扱われることを「承認（アクノレッジメント）」といいます。ホテルや百貨店に行くとよい気持ちになるのは、ホテルや百貨店がわたしたちを〝お客さま〟として承認してくれるからです。高級レストランでの最高のおもてなしも同じく承認です。

このように、「承認」とは、幸福の物語を外側から肯定してくれることで、多くの人の憧れの的になったり、自信を与えてくれたりすることになる幸福の鍵です。

でも、本当の意味での承認は、お金を支払って得るものではなく、自分が尊敬している人から認められることです。自分が評価する人、自分が仲間になりたいと思う人、自分が思いを寄せる人からの承認です。このような人からの「承認」はお金では買えないものだけに、人々が切実に求めるものになっています。

なぜ「承認」が重要なのかというと、ひとつは、他人の心の中にいつも自分が存在することの確認を得られるから、もうひとつは、自分を承認してくれる相手に対して自分が影響力を持つことができるからです。「承認」がなければ人から無視され、無力な自分にいつも失望していなければなりません。

組織や仲間で承認されるということは、そこに自分の「居場所」があるということです。どんなにセキュリティが完備されたさっぱりしたマンションに住んでいようと、他人の心の中に自分の「居場所」がなければ心の安定は得られません。常に排除されたり無視されるという恐怖感と闘わねばなりません。

かつては安定的な「居場所」としての家族が機能していました。職場でも終身雇用制のもとで、社員同士はお互いを家族のように感じていました。が、終身雇用の慣行が揺らいで、社員と会社の間の不信感が高まり、さらに給料が減ってしまったので、職場の仲間と毎晩飲みに行くことができなくなり、仲間内で愚痴を言い合って鬱憤を晴らしていた場所も失われてきました。

先が読めない時代なので、失敗したり、へこんだりすることも多々あるわけです。そんな冴えないときでも、無条件に「それでいいんだ。You are OK.」と言ってくれる場所。かつて、それは家庭や職場にありました。けれども、それらが安定した「居場所」とはなりにくくなってきた現在、それこそが今の時代にかけがえのないものとして求められているのです。

「承認」は、自分が生きている物語が、他人から見てもすばらしいもので意味があることを他人の目で確認することであり、他人の中に自分の「居場所」があることを確認する鍵なのです。

⑤「裁量の自由」

「裁量の自由」は、自分が好きなことを好きなときにできる自由があることで、自分が自分の物語の主人公であるための鍵です。言い換えれば、自分のことを自分で決める権限を持っていることです。

日常の生活の中で、自分の裁量でできることは意外に多くありません。何時に家を出るかは電車の時刻に制約されるし、何時にお昼ごはんを食べるか、何曜日に働くかも会社の規則や社会の通念で決められていて、それがストレスの元にもなっています。

また、たとえ自分の好きなことでも、好きなときにできなければうれしくありません。先にも書いたように、趣味を仕事にしてしまうとさっぱり楽しくなくなるのも、「裁量の自由」がなくなるからです。

日本では幸福度（生活満足度）に男女差があり、女性のほうが幸福度が高く出ます。なぜかというと、戦後の家族では、男性は多くはサラリーマンとして時間制約の厳しい生活を強いられているのに対し、女性の場合は、家事や育児をする比重は高いものの、専業主婦であったり、働いていたとしてもパートなどが多かったりするので、時間的な制約は正社員ほどきつくはなく、多くのことが自分の裁量に委ねられているからです。ここに幸福度の差が出ているのではないかと考えられます。

ただ、専業主婦を擁護してひと言付け加えると、何かをしたいという「内発的な動機」があればこそ、幸福を感じているのだといえます。それがなければ、いくら自由があっても、幸福度は高くならないはずです。それどころか、目的のない自由は退屈を生み、無気力を醸成し、心身の病につながっていきます。

それが証拠に、男性も定年を迎える六〇歳前後には、仕事から解放されて自由な時間が増えるのですが、だからといって幸福度が上がるとは限りません。何をしたらよいのかわからない人も増えているのです。今までは職場で課題を与えられてきましたが、これからは自分でやるべきことを見つけなければならない、それはかえってつらいのです。定年は仕事から解放されるというよりも、仕事を取り上げられると感じる人が多いのが現状です。

一方の専業主婦は、若いときから、育児に、家事に、友人とのつき合いにと、次々に日々の時間割を作りながら生活してきたので、夫が定年を迎える年齢になっても日々忙しく充実した毎日を続けています。

このギャップのある二人が、ある日を境にして突然二四時間いっしょに家で生活することになることが、熟年夫婦の不和につながっているわけです。

「裁量の自由」で幸福になるためには、何かをやりたいという「内発的な動機」を持ち続けるエネルギーが不可欠です。また、「内発的な動機」さえあれば、多少自分が嫌いなことであっても自分でモチベーションを作って課題を楽しむことができるのです。

たまに平日の昼間のガラガラに空いた電車に乗ると、ドアのあたりに立って外を眺めている人を結構見かけます。満員電車で席が空いたときには、まずありえないことです。わたしたちは、電車では座ることが大きな幸福だと思っていますが、実は座らずに立って外を眺めていたいときもあるのです。空いた座席が希少資源であるために、座らないと損だと思い込んで、みんなで席の奪い合いをしているのでしょう。「内発的な動機」でなく自分が動かされているときは、たとえ座席に座れたとしても、心を貧しくしてしまいます。

同じように、お金もたくさんあるほうが幸福だと思いがちですが、お金は使いたいときに使いたいだけの額があれば十分なのです。でも、いざというときに、お金が足りなくて心が満たされないことは惨めなので、そんなことがないように、少しでも多くのお金を貯めておこうとします。そうするうちに、いつのまにか、お金を貯めること自体が目的になってしまう。そうして、逆にますます幸福から遠ざかってしまう人が少なくないのは悲し

幸福の法則	内　容
時間密度	夢中になる、没頭する
	機会費用に動じず、現状の行動に迷いがない
自尊心	自分に誇りを持ち、他人を喜ばせる心のゆとりがある
	自分の発言や行動に意味を感じる
手ごたえ実感	課題の解決に達成感がある
	課題にやりがいを感じている
承認	他人から評価され、他人に対して影響力を持てる
	組織や仲間の中に、自分の「居場所」がある
裁量の自由	好きなことを好きなときにできる自由がある
	「内発的な動機」がある

図８　幸福のペンタゴン・モデルの５つの要素

いことです。

電車の座席であれ、お金であれ、自分が「内発的な動機」を持って、目的のために選択できる「裁量の自由」があることが幸福なのです。

以上の五つの法則のポイントをまとめると、右の表のようになります。

＊五つの鍵を商品分析に使う

幸福のペンタゴン・モデルの五つの鍵を使うと、商品の魅力を分析することもできます。たとえば、クルマは六〇年代に３Ｃ（カー・クーラー・カラーテレビ）のひとつとして家族の物語とそれに続くブランド消費の物語の花形商品でした。クルマが買える家族は成功した家族であり、大きなクルマを持つことは人に**「自尊心」**を与えてきました。

小型のファミリーカーから始まって、徐々に大型の高級車に乗り替えていくことには**「手ごたえ実感」**を感じさせました。ドライブの楽しさは最高の**「時間密度」**を与えてくれ、公共の交通機関の時刻表を気にせず、深夜でも早朝でもいつでもどこへでも出かけられる便利さは**「裁量の自由」**を満喫させてくれました。

そして何より、どんなクルマに乗っているかは、その人にとっての自己表現だったのです。自分自身は冴えなくても、かっこいいクルマに乗っていることで尊敬されたり、一目置かれたりする**「承認」**の道具でもあったわけです。そして一人前だと認められることで、**「自尊心」**も満たされました。まさに、「幸福を約束する商品」だったのです。

ところが、バブル経済期に高級大型車ブームが起きたのを頂点に、その後は大きさがその人の成功を意味するものではなくなりました。逆に、最近の若者は、必要以上に大きな車に乗っている人は賢明な消費者ではない、とみなすようになりました。自己表現としての機能も、走ればよい、という価値観の前に薄れつつあります。

バブル経済の頃は、男性はかっこいい車で女性を迎えに行かねばなりませんでした。自分の父親が所有しているセダンのファミリーカーで迎えに行くと、「信じられない」というまなざしが向けられたものでした。しかし、今では家のクルマで男性が誘いに来ても「気にならない」という女性がほとんどです。

その他の商品はどうでしょう。

家族の物語の時代に家族財として購入されていた家電製品の多くは、生活を便利に、快適にすること、つまり家事の時間を短縮することに、その機能を特化していました。洗濯機や掃除機、電子レンジなど、主婦が余暇時間を獲得することが購入動機になっていました。主婦を家事から解放する**「裁量の自由」**が重視されていました。

けれども、最近の家電製品は、わざわざ手作り料理が多彩にできるように、**「手ごたえ実感」**を取り入れたものが多くなっています。

ビデオレコーダーはテレビの番組表に縛り付けられていた人々を解放し、**「裁量の自由」**を大幅に増やしてくれましたが、YouTubeは好きな時間に見られる**「裁量の自由」**のほかに、自分が観たい番組を自分が選び、気に入らなければ途中で打ち切るという編集面での**「裁量の自由」**を与えてくれました。その主人公感に人々は新鮮味を感じました。

ユニクロや無印良品の「商品たち」も、ブランド側がトータルコーディネーションを提案するのではなく、主人公は消費者で、彼らが自由にコーディネートできる部品を提供し、主人公感を満足させてくれます。

携帯電話は、いつでもどこでも電話とつながることができる道具なので、第一義的には**「裁量の自由」**を与えてくれるものですが、若者にとってはそれ以上に、メールのやり取りをして仲間であることを確認し合う**「承認」**の道具としての役割のほうが大きいようです。

ビールは、賑やかなお店で、気のおけない仲間とわいわい騒ぎながら飲む時間（**「時間密度」**）と、ふだん話さないようなことも胸を開いて話し合う**「承認」**の道具としての機能を持っています。

定年を迎えた人々がまずやってみたい活動のトップは旅行です。旅行は、日常のことを忘れて夢中になれる時間（**「時間密度」**）を提供してくれます。時間が豊富にある人ほど、「時間密度」を高めることに関心が高いのです。そして、新しい状況に対応して乗り越えていくサバイバル的なドキドキ感（**「手ごたえ実感」**）も得られます。

ただし、今は、旅行のなかでも、海外旅行よりも国内旅行、しかも温泉旅行のほうが人気が高い。その理由は、おそらく、国内の温泉旅行のほうがスケジュールに縛られずにのんびりできる、つまり、**「裁量の自由」**が高く、自分が主人公になれるからだと思われます。

幸福のペンタゴン・モデルで診断すれば、商品の現在の意味や価値を読み解くことができます。家族消費やブランド消費が行き詰まるなか、幸福のペンタゴン・モデルを開く消費（「道具消費」）はすでに始まっているのです。あとはそれをどのような消費の物語に乗せていくかということです。

＊全部が揃わなくても幸福は得られる

このように幸福のペンタゴン・モデルの五つの鍵を見てみると、あることに気がつきます。それは、幸福のペンタゴン・モデルの五つの鍵のすべてを満たさなくても幸福は得られるし、また、五つの鍵をすべて満たす幸福はほとんど存在しないということです。

ただ、幸福のペンタゴン・モデルのひとつの鍵を満たしているだけでも幸福感を得られますが、その幸福感は長続きしません。「時間密度」を高めてくれるジェットコースターに乗ることがどんなに楽しくても、「手ごたえ実感」がなければいずれは飽きがきます。

学生が「裁量の自由」を謳歌して平日にどこにでも行けるとしても、どうしても行きたいという強い動機がなければ「時間密度」は得られません。それは、ハードディスクに録り貯めたビデオはいつでも観られるのに、観る機会がなかなか得られないうちに消してしまうこととよく似ています。

「承認」されるとうれしいものですが、「承認」に馴れて「自尊心」が高くなりすぎると、そもそも「承認」してもらえてうれしく感じる相手が少なくなってしまって、次第に「自尊心」が得られなくなります。

幸福のペンタゴン・モデルは幸福の見取り図です。幸福のペンタゴン・モデルが意味していることは、幸福はその中にトレードオフの関係にあるものや収穫逓減の法則に従うものを含んでいて、存在として不安定なものだということです。また、幸福のペンタゴン・モデルの要素すべてを満たしていなければ、いずれかの要素がその幸福を崩壊させる糸口になってしまうということです。

幸福のペンタゴン・モデルを見れば、ある行動がどのような意味で幸福を与えてくれるのかがわかるとともに、その行動がどのような理由で幸福でなくなっていくかも予測できるのです。

この先は、幸福のペンタゴン・モデルを使って、家族消費やブランド消費による幸福の物語に代わる三つの物語についてまず概説し、その後、それぞれ章を立てて、詳しく見ていきます。それぞれの幸福の物語の構造と発展性、そして限界も明らかにしていくつもりです。

これらの物語はまだ多くの人の目には映っていないかもしれませんが、すでに始まっている現実です。まだ幸福の断片なので、物語にまでは発展していないだけなのです。

あなたはどの物語に乗りますか？　乗り遅れないように、しっかりと現実を見ていきましょう。

4　消費の物語に代わる新しい幸福の物語

＊幸福の道具としての消費

家族消費やブランド消費の物語が行き詰まるなか、人々の消費は、個人の幸福の断片を刹那的に満たすものになっていきます。幸福の断片（フローの幸福）なので、それらはまだ、物語を形成するには至っていません。だから方向性に乏しく、毎年ヒット商品は現れるものの、それらの商品が共有する太い文脈が見出しにくくなっています。

年末には、電通をはじめ各社が話題・注目商品（いわゆるヒット商品）を発表しています。ヒット商品のランキングでベストテンに入るほどの商品であればだいたい見聞きしたことがあると思いきや、近年では見たことも聞いたこともない商品が入っていて驚くことがあります。このようなことは八〇～九〇年代にはなかったことです。

	日経 TRENDY	電通		日経 MJ
1位	PB（プライベートブランド）	新感覚コントローラTV ゲーム	横綱	ユニクロ・H & M
2位	Eee　PC	「崖の上のポニョ」		セブンプレミアム・トップバリュ
3位	Wii Fit	地デジ対応大画面薄型テレビ	大関	低価格小型パソコン
4位	アウトレットモール	割安商品（PB 商品／アウトレットモール）		Wii Fit（任天堂）
5位	ZERO 系飲料	ペンタッチ携帯ゲーム	関脇	ブルーレイ
6位	鉄道博物館	ワンセグ対応端末		パルックボールプレミアクイック（パナソニック）
7位	BB クリーム	電子マネー	小結	円高還元セール
8位	H & M	タレント牧場生キャラメル		プレミアムローストコーヒー（日本マクドナルド）
9位	BD（ブルーレイ・ディスク）レコーダー	コンパクトデジタルカメラ	前頭	熱いまま急っと瞬冷凍（三菱電機）
10位	ケシポン	エコグッズ		デジタルフォトフレーム

出典：日経 TRENDY「08 年ヒット商品ベスト 30」、
電通総研「話題・注目商品」、
日経 MJ「2008 年ヒット商品番付」

※日経 MJ のランキングは、相撲の番付方法に準じているため簡易的に作成した。

図9　08 年各社の発表したヒット商品ランキング

マーケティングには、八〇年代末に開発された「ラダリング」という消費ニーズ分析の手法があります。デプスインタビューを重ねることで、商品から出発して、その商品の魅力が消費者のニーズや価値観とどのように結びついているかのマップを描いていく手法です。その商品の何が消費者に受けて売れているのか、また売れていない商品は、商品の価値のどこが伝わっていないのかを見つけるのにかなり有効な手法です。

しかし、最近は、どうもこの手法では扱いにくい商品が増えてきたのです。それは、それほど欲しくないけれども生活の必要上買わざるを得ない「コスト消費」的な商品です。ラダリングは、人々がその商品を欲しいと思っているという前提で始まりますが、もともとその商品に関心がない場合には、はしごが上に伸びていかないのです。

最近どうやらわかってきたことは、いくつかの商品ジャンルに関しては、ラダリングは、はしご登りではなく、はしご下りになりつつあるということなのです。

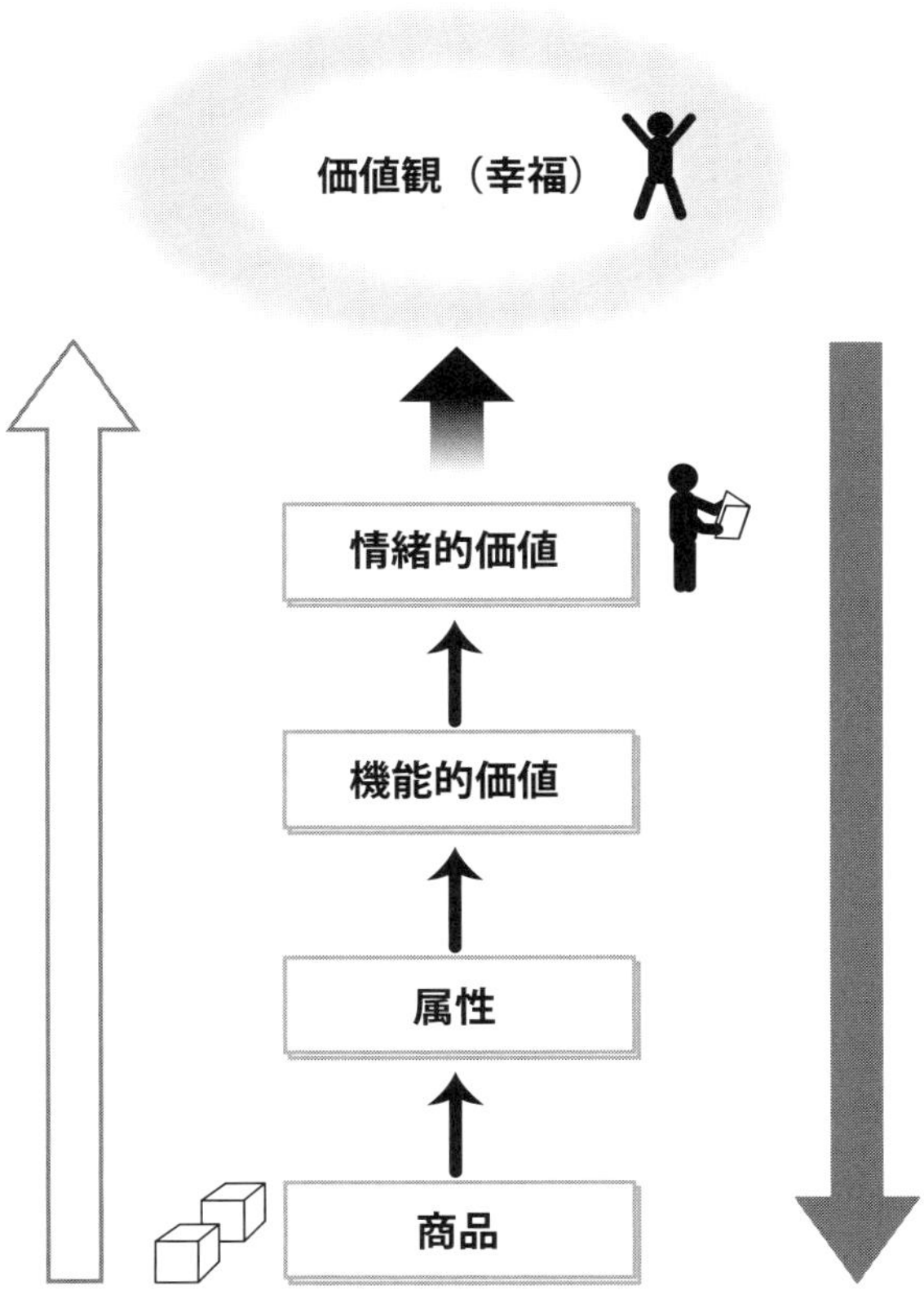

図10　ラダリングの向きが変わった！

はしご下りとは、まず自分の得たい幸福の物語があって、それを直接は与えてくれないけれども、幸福を得るのに役立ちそうな道具として商品を見る視点です。そのような商品を買うことを、欲しくはないけれど必要上買わざるを得ない**「コスト消費」**と対比させて、**「道具消費」**と呼ぶことができます。

そして、この「道具消費」が、新しい時代の幸福のペンタゴン・モデルの五つの鍵を動かしてくれるものとなります。

たとえば、

「時間密度」を高めてくれるような夢中になれるスポーツイベント。

「手ごたえ実感」を与えてくれるようなボランティア旅行。

「自尊心」を高めてくれるようなエコ商品。

「承認」を与えてくれるフリーマーケット。

「裁量の自由」を与えてくれる、NPOでの活動の場。

その物語の萌芽から今後の展開までを三つの物語にまとめたのが次の表です。

３つの物語	目的	対象	消費の形
自分を極める物語	自分の満足を追求すること	自分自身	・はまる ・手ごたえ消費
社会に貢献する物語	自分の生きる意味に納得感を見つけること	社会や未来の人類	・ギルティ・フリーになる ・循環（サステナビリティ）を取り入れる
人間関係のなかにある物語	自分の居場所を確保すること	人間関係	・利他的になる ・仕事を買う

図 11　新しい幸福の物語と消費の形

バブル経済が崩壊して日本が長期の景気低迷に落ち込みはじめた九〇年代の半ば以降、それでも日本の消費が株価ほど下落しなかったのは、家族の物語に代わる別の物語が始まりかけているためです。それが、山田が五九、六〇ページであげた三つの物語です。これらの物語はまだ萌芽でしかありませんが、今後大きく広がっていく可能性があります。

ただ、これらの物語を支えているのは、家族やブランド消費の物語のように、幸福を得るために商品を買うという形での消費ではありません。

幸福をもたらすと期待される商品を買うことによって幸福を得ようとするのではなく、直接に幸福を得ることを支えてくれる、つまり、幸福を得るための道具としての消費、つまり、先にも述べた「道具消費」です。

商品が幸福をもたらすのではなく、幸福を与えてくれるのは、あくまでもペンタゴン・モデルの五つの鍵であり、消費はこの鍵を動かすための道具なのです。

まずは、三つの物語について、ざっと見てみましょう。

①自分を極める物語

まず、「自分を極める物語」から。これは、いわば、個人とその個人の内側との関係のなかで生じる「物語」です。

家族消費やブランド消費では、幸福の基準は、自分の外から与えられたものでした。自分を極める物語は、あくまで自分の内側基準に照らし、自分自身の満足感を極めようとする物語です。自分の好きなことに時間の使い方もお金の使い方も特化します。そのためにはお金に糸目をつけません。

前にも述べたように、何かを選択することは何かをあきらめることなのですが、「自分を極める物語」では自分の好きなことに集中するために、ほかの人がふつうにしていることの多くをあきらめることになります。

好きなときに好きなことができるように、時間制約の厳しい職業や正社員になることをあきらめたり、好きなものを買うために食事やファッションにかける費用を切り詰めたりして、「裁量の自由」を最大限に発揮できる環境を整えます。また、他人との接点を大幅に簡素化したりもします。

一方で、ライフワークとして自分で設定した課題に向けてテーマを追求し「手ごたえ実感」も高く、「時間密度」を極限まで高めようとします。

このように、幸福のペンタゴン・モデルの中では、おもに**「裁量の自由」「時間密度」「手ごたえ実感」**の三つの鍵を使います。そして、おもに商品やサービスを買うことが幸福につながっていますので、その点は家族消費やブランド消費の物語と似ています。

ところが、家族やブランドという物語に頼らなくても、自分自身で価値判断の基準を持っていて、当面の消費を牽引していけるという点が異なります。

しかし、使用する鍵が少ないために、幸福の物語としては弱さがあり、そこから次の物語へと発展する可能性を秘めています。

②社会に貢献する物語

「社会に貢献する物語」とは、個人と社会との関係のなかから生み出される物語です。

環境に配慮して環境に優しい商品を生活に取り入れたり、多少お金がかかっても健康的でスマートな消費をし、社会や自分の健康がサステナブルに循環するように行動したりすることがこれに当たります。

多くの日本人にとって、キリスト教徒のような原罪意識は希薄かもしれませんが、豊かな国に暮らす国民として、途上国の人々よりは資源を潤沢に使って贅沢しているという後ろめたさが多少なりともあるものと思われます。だから、できるだけ環境負荷を少なくし、社会の役に立つ生き方をしたいという意識が高まっているのでしょう。

利他的な行動は偽善的であると言われがちですが、幸福論の立場からは利他的であることによって自分の力を認識する「自尊心」や、少しずつでも社会が良くなっていくという期待を持つことによる「手ごたえ実感」による幸福を得られるので、理にかなった行動といえるのです。

ここでいう「社会」とは、必ずしも生身の相手が対象ではなく、社会という抽象的な他人の集合体に対しての働きかけです。それが進むと、地球全体の生態系になります。生身の人間を対象とする場合は、コミュニケーション能力が必要となるので、それは次の「人間関係のなかにある物語」で区別して取り上げることとします。

「社会に貢献する物語」は、**「裁量の自由」「時間密度」「手ごたえ実感」**に加えて、第四の鍵**「自尊心」**を開けることになります。しかし、まだひとりよがりな物語であることからは逃れられず、次の他人からの「承認」を含んだ幸福の物語へとさらに発展が見込まれます。

③人間関係のなかにある物語

「自分を極める物語」が、個人とその個人自身の内側との関係のなかで生じる物語であったのに対し、「人間関係のなかにある物語」は、個人と他者との関係のなかで生み出す幸福です。ただし、この他者は、家族、友人、地域社会、職場の人など顔の見える生身の人です。この物語からは他人からの**「承認」**という宝物が得られます。

現在においては多くの場合、それは、消費以上に仕事が与えてくれます。伝統的な経済学では、消費を含む余暇と仕事とをトレードオフのもの、すなわち、仕事が多いと余暇が減るので、消費から得られる幸福が減少するという考え方で理論がつくられています。しかし、実際には仕事にやりがいを感じて、仕事が幸福につながっているという場合が少なくありません。

これはなにも自分の好きな仕事や社会的にも認められた仕事に就けている恵まれた人々に限ったことではありません。仕事を失った人、不安定な仕事に就かざるを得ない単身者が語るのは、日々の寝食に事欠くことの不幸以上に、世の中の誰からも自分が必要とされていないように感じてしまう無力感であり、どこにも、誰のなかにも自分の「居場所」がない孤独感だということからもわかります。

「人間関係のなかにある物語」で幸福を得る人は、仕事であろうと、余暇であろうと、両方から幸福を引き出すことができます。仕事からと余暇の消費（幸福消費）からと二つの種類の幸福を得ることができることになります。

考えてみれば、仕事のなかで買い物（発注）をすることも、消費者として買い物をすることも、市場にとっては同じことです。相反することのように考えられてきた**仕事と消費は、意外にも似たもの同士だった**のです。

さらに、そこには、家族やブランドの物語という閉じた幸福から、他人の人間関係を巻き込んだ開かれた幸福への転換のチャンスが見えているのです。

以上三つの物語はすでに始まっているものです。まだ多くの人には断片としか意識されていませんが、数年のうちに大きな物語へと発展する可能性が高い物語です。

次章から、それぞれの物語について、さらに詳しく見ていきましょう。

第3章

「自分を極める物語」の幸福と消費

電通
チームハピネス

1　「揺れ」が消費を創造する

ここからは、新しい幸福の物語を、現在、新しく生まれつつある特徴的な消費の動向から見出そうという試みです。前の章の最後で触れたように、幸福のペンタゴン・モデルの要素が鍵となります。

まずは、「自分を極める物語」。個人とその個人の内側との間で生まれる物語といえます。それが**「はまる」**という消費です。

＊次世代の消費の天才は彼らだ

いつの時代にも消費を先導する人がいました。八〇年代には、かれらは「消費リーダー」と呼ばれていました。消費リーダーたちは高感度な感性を持ち、一般の人には見えない時代の潮流を見抜いて、流行の一歩先をとらえる人たちでした。消費リーダーと目されたのは、おもに一〇代から二〇代前半の若者でした。

高感度な消費リーダーは、特に専門の領域を持っていたわけではありません。時代の感性を肌で感じているということであって、ファッションであれ、クルマのデザインであれ、街にできた新しいお店であれ、どんな分野の商品・サービスにも敏感に反応しました。かれらが選んだものは、間違いなく数カ月後には一般の人々の流行になっていました。

ところが九〇年代の半ば以降、消費リーダーが見当たらなくなりました。消費分野は細分化され、こだわりのある消費者はいるはずなのに、全社会的な流行に発展するものが少なくなったのです。以前、ブランド消費の時代に起きていたような、トップ層から下の層へ流行が流れていくトリクルダウンが社会で起こらなくなったのです。

そこで現れたこだわりの強い消費者が、マニアとかオタクと呼ばれた人々です。かれらは自分のこだわりの分野に対してはやたらに詳しい薀蓄《うんちく》をもっている一方で、自分に興味のない分野のことになると、人並み以下の関心しか示しません。

当時の秋葉原のオタクたちは、一目でそうとわかるような独特の風貌をしていました。一様に小太りで、体に密着しないアロハ風のシャツを着て、とにかく見た目よりも着心地で服装を選んでいました。それはかれらが他人の目を意識することがなく、ファッションが自己表現の手段とはなっていなかったからです。

自分のこだわりのある分野にはとことんまで踏み込んでいく一方で、関心外のことにはほとんどお金をかけない。個人消費が進化した形は、そんな消費スタイルになっていくのです。これが、**「はまる」消費**です。

かれらが目指しているのは、**「時間密度」**と**「手ごたえ実感」**です。自分の好きなことに没頭できるので、「時間密度」のきわめて高い消費をしています。そして、かれらの特徴としては、自分で常に課題を見つけ出して、それに対する答えを得ようと努力していることです。

それは天才のしていることと同じです。天才とは、才能が豊かなだけの人ではなく、自分の豊かな才能で到達できる成果に満足せず、さらに高い課題を見つけて持続的に努力する人だからです。天才とは、努力する才能だとすれば、彼らは消費の天才だといえます。

＊消費のパラレルワールド

かれらは八〇年代の消費リーダーのようにオールマイティではないものの、一般の人には見えないものが見えているという点では、同じイノベーターです。かれらにしか見えない世界こそが、常人の消費とは次元の異なるパラレルワールド（異次元世界）なのです。「はまる」消費は、他人の目がまったく介在しない代わりに、自分のモノを見る視力が進化していきます。かれらの視力とは、高度に文脈化した消費を見抜く力です。その道の人にしかわからない価値を見分けているのです。

かれらのパラレルワールドを垣間見ると、我々の消費は本格的な部活ではなく同好会のようなものにしかすぎないことがわかってきます。ちょうど、「開運！　なんでも鑑定団」で素人が茶碗や花瓶を高い値段で買って満足していたら、鑑定士に数千円の安物であることを知らされて唖然とするような状況が、日常生活でも起きているのです。

世の中のどんな分野にもパラレルワールドがあり、それを知らない人々は、見えない意図に支配されながらもそのことに気づかないまま一生を終えていく……まるで、映画『マトリックス』で描かれた世界のようですが、現実に同じような状況が広がりつつあるのです。

以前、十数万円もする外国製のミニコンポ（ステレオ）を購入した際に、音楽に詳しいという方に評価を尋ねたことがあります。日本のメーカーの普及品なら、五万円程度でそこそこの品質のものが買えますから、わたしが購入したのはハイエンドと言われるかなり高級なミニコンポです。にもかかわらず、そのマニアの人から「ポップやロックなら十分だね」と冷ややかに言われたものです。

その人はといえば、ペアで百数十万円するスピーカーを使っているのです。そこまでいくと、聞こえる音の次元が違うそうです。通常のスピーカーでは音楽の響きが良いか悪いかを基準にしますが、そのクラスの商品でピアノ曲を聴くと、ピアノの鍵をたたく音、それが反射板に反響して聞こえる音、奏者の息遣いや衣擦れの音、ペダルを踏む音など、七種類以上の音が聞こえるのだと言います。CDにはそこまでの音が録音されているのに、通常の音響機器では再現できていないと言うのです。

最近出版された麻倉怜士著『オーディオの作法』(ソフトバンク新書　二〇〇八)でも、初心者に勧めているオーディオセットは最低三〇万円からでした。彼らのパラレルワールドにとっては、十数万円のハイエンド機器などまったく対象外だったのです。

麻倉氏によると、単にいい音というだけではなく、音の輪郭、音の広がり、音の深みなどを自分の中に基準値として持っていて、ステレオが作る音を評価する視力(ここでは聴力でしょうか)で自分に合ったステレオを選ぶことを勧めています。それはまるでソムリエがワインの味を利き分けるような作業です。

＊「差異」から「揺れ」へ

八〇年代には商品機能の「差別化」から、より個人の感性の違いに訴える「差異化」へとマーケティングの重視点が変わりましたが、今はさらに細かくなって商品の差異の「揺れ」が商品選びの決定的要因になりつつあります。

人気のコミック『スラムダンク』は多くの読者を惹きつけ、連載が終わった後も単行本が売れ続け、連載終了後八年経って発行部数が一億冊を超えました。そのことを知った著者の井上雄彦氏が新聞でファンに感謝する個人広告を出そうと思いつきました。

依頼を受けた広告会社のクリエーターが著者と相談した結果、制作した広告には、キャラクターが一面に描かれているだけで、どこにも『スラムダンク』という文字はありません。が、それは『スラムダンク』のファンが見ればすぐにそれとわかる広告でした。広告の隅に小さく書かれたアドレスにアクセスすると、「スラムダンクにひと言」という欄が出てきて、ひと言を入れると、キャラクターをひとつ選ぶことを指示されます。選んでクリックすると、いきなり八年前の『スラムダンク』の最終回の体育館の場面に遭遇します。その中にメッセージを吹き出しで叫んでいる自分の姿が現れる、という仕掛けです。さらに、数日後のイベントの告知があり、場所は三浦海岸にある廃校。その日にその廃校に集まってみると……。

この感動の仕掛けの続きと詳細は、佐藤尚之著『明日の広告』(アスキー新書　二〇〇八)をご覧ください。ここで申し上げたいのは、一般の人には停滞していて閉塞感のある社会であっても、特殊な視力を持つ人には心の底から共有できる世界が今も躍動しているということです。

アメリカの話ですが、グーグルの採用試験の告知も奇抜なものでした。道路に横断幕が張られていて、そこに数学記号を使った複雑怪奇な数式が書かれているのです。それを解いた人のみがグーグルの採用サイトにたどり着くことができる、という仕組みです。グーグルは博士号を持った高学歴の社員を採用する会社なので、その数式がわからない人は対象外ということなのです(もちろん、これもそのことを話題にして新聞などで記事として取り上げてもらうことを狙ったパブリシティという広報戦略だとは思いますが)。

通常のミニコンポで音楽を楽しむにとどまっている人は、まさに大海の波打ち際で小石を拾って遊んでいる子どものようなものだという気がしてきます。

＊オタクの消費視力が支えた食玩ブーム

一九九九年に発売された「チョコエッグ」という、卵形のチョコレートの中にフィギュアが入った「食玩」のブームも、鍛えられた視力を持つオタクが消費を活性化させた好例です。

最初は、海洋堂という精巧なフィギュアを製作する会社が魅力的な商品を提供したことから一般の子どもが購入しはじめたのですが、ブームの推進役となったのは、三〇～四〇代の、この方面での視力を持ったおとなたちでした。

フィギュアの基本造形は海洋堂の松村しのぶ氏という、これもその世界では有名な造形作家が手がけていましたが、コストを抑えるために製作自体は中国の工場で行ったため、技術的に未熟なところがあり、海洋堂のこだわりから、発売後も中国の工場に順次指示を入れ、日々改善していきました。

ところが、その順次改善されていく色の塗り方の変化や色塗りのムラをマニアのおとなたちは、「亜種」として区別しました。初期の塗り方、改善された塗り方、再改善された塗り方も区別されてコレクションの対象になったのです。

さらに、出版社がその「亜種」も含めた全フィギュアのカタログを出し、コレクション熱を盛り立てました。完璧なコレクションを求めていた人々は、インターネット上で欲しいフィギュアを探しはじめましたから、ひとつ一五〇円で販売されていたものがネット上では数千円、高いものだと一万円以上で売買される状況になりました。まさに、「揺れ」のマーケットが出現したのです。

これらの「揺れ」に対する視力は一部のマニアやオタクにしか共有されていないため、一般の人はもちろん、マスマーケットだけを追っているようなプロのマーケターの目にも入りません。

最初に、九〇年代に人々の消費が衰えているわけではないのに消費が見えなくなった、と書きましたが、わたしたちの目には見えないパラレルワールドでは、さまざまな消費が活発に躍動していたのです。

＊はまれる人、はまれない人

マニアやオタクのライフスタイルには賛否両論があることはともかくとして、何かにはまっている人には常人では計り知れない世界が見えているわけで、一様に幸福そうに見えるのも事実です。かれらは、今の生活ではお金があろうとなかろうと、家族があろうとなかろうと、はまっている限りは「時間密度」が高く、ライフワークとして「手ごたえ実感」を楽しんでいられる、だから「幸福」なのです。

そのような姿を見て、常人は「自分も何か夢中になれる趣味を持たねば」と感想を漏らしますが、口でそう言っている人は残念ながらはまることができない人でしょう。はまるには天賦の才能が必要なのです。はまる人は言葉よりも先にはまってしまっているのです。

オタクの消費をつまらないものとして切り捨てる人がいますが、彼らの感性は一般人の域を超えて研ぎ澄まされていますので、一般人の世界とオタクのパラレルワールドか、どちらの世界が本物の世界なのか、次第に怪しくなってきます。

オタクの祭典、コミックマーケットでも、三万五〇〇〇ものブースで同人誌を売っているのは、ひとつの頂点を目指して競っているからではありません。それぞれが自らの感性の「揺れ」の切れ味を競っているのです。

コミックマーケットでブースを出せること自体、事前の審査を通過した者だけに与えられるたいへんな栄誉なのです。会場も、ボーイズラブ系、スポーツ系、美少女系などに分かれ、ボーイズラブ系がさらにサンデー系、ジャンプ系などに分かれ、『ワンピース』のサンジとゾロの恋愛系のブースがさらに数十店並ぶという「揺れ」の細かさです。

趣味がふつうに読書や音楽鑑賞、という人はまずついていけない世界です。読書でも星新一のすべてを読み尽くしているとか、音楽でもカラヤン指揮の一九七七年にベルリンで演奏されたベートーヴェンの第七番の第二楽章が最高だ、と言う人は「はまる」才能を持った人です。「はまる」ということは高度な才能であって、誰にでもできることではないのです。

＊「はまる」人が消費を牽引する

社会がどんなに不況になろうとも、「はまる」人は自分のこだわりに対してお金に糸目をつけません。百貨店やスーパーの売り上げは、前年比割れの状況が続いていますが、ネット上で一品モノとして販売されているマニアやオタク向けの鉱物の原石や植物のオークションでは、サブプライム・ローンの不況の影響もほとんど受けず、日々激しい落札合戦が繰り広げられています。

かれらの市場が不況知らずなのは、「揺れ」に対する視力が価値を創造しているからです。差異であろうと「揺れ」であろうと、違いを持ったものが集ったときに、一定の量を超えると量が質に転換する――これが文脈創造による価値の生成です。

「はまる」人は、一般の市場では評価されず値段がつかないようなものに、文脈情報を付加して価値を創造している人だということもできます。汚くて使えなくなったようなお茶碗やただの石や草の中から価値を生むような情報性を取り出して、お宝として付加価値を生み出しているのです。

このような価値の創造は一見奇異に見えますが、一般的な価値創造も文脈から生まれています。流行が発生するのも、みんなが持っているからという文脈創造によって欲望がかき立てられ、多くの人が持つようになるのです。

その逆に、文脈創造の機能がなくなったときに、消費の欲望もなくなります。

欲しいものがないという人は、社会的な文脈を見失ってしまった人で、生存に必要な欲求以外には欲しいと思うものがなくなった人です。

単に着て暖かい服ではあき足らず、流行のファッションが欲しくなるのも、ファッション誌が文脈を創造してくれているからです。はまる人々は、一般人では気がつかない文脈を創造して、社会の中で価値のあるものを増やしてくれているのです。その意味で、はまる人は、まさに消費の牽引役になってくれているのです。

2 手ごたえ消費

＊脱・旧物語消費の始まり

ここまで述べてきたようなパラレルワールドは、一般のマスマーケットにはまったく影響を与えていないのでしょうか？　そんなことはありません。少なからぬ影響を与えています。ひと言で言えば、脱・家族消費と脱・ブランド消費を加速させ、個人のなかにある手ごたえの基準に従った「手ごたえ消費」を生み出しているのです。

たとえば、家族消費の物語の特徴とは、①より大型のものを求める、②便利で生活の自由時間を増やすものを求める、③快適を増やし、生活の貧しさから解放してくれるものを求める、④自分で所有することに喜びを求める、ということでした。これらの家族消費からの脱皮が、はまる人々によって加速されてきているのです。

まず、大型のものにこだわらなくなったのは、他人の視線を気にしなくなってきたからです。他人の視線は、家族消費及びブランド消費の時代には大切な要素でした。

七〇年に放映されたファミリーカーの広告に「隣のクルマが小さく見えまーす」というのがありました。大型のもの＝高額なものという共通認識があったので、大型のものを所有している人は社会的・経済的に成功した人というふうに見られたのです。が、家族としての成功や他人の評価よりも自分の感性がすべてだという価値観が定着した結果、他人の好みや批判は雑音でしかありません。商品と自分との間に何かグッとくるものさえあれば、大型のものでなくても選択するのです。

また、家族消費では、世帯主の年齢が高まるにつれて、一般には家族の人数が増えていき、子どもも大きくなるので、大きめの余裕のあるものを買うに越したことはありません。今のサイズでちょうどのものを買っているとあとで使えなくなってしまいますので、みんなが将来を見越して、ひと回り大きなものを買っていました。

しかしその結果として、モノが増えていき、家の中が手狭になります。バブル経済の前の時代までは、それでもより大きな家に住み替えることができましたが、今ではそれもできなくなり、不必要に大きなものはいらないと考えるようになってきました。

そういうなかで、「手ごたえ消費」では、基準は自分の中にあるので、現在もっとも心地よい大きさのものがよい、となります。大きすぎるものは効率の悪いもの、無駄なものに見えてきます。

このような時代、人がもっとも避けたいと思うのは、人生を縛ってしまうモノです。大きな家具や家電を買うと、それだけ家のスペースを制限してしまいます。Wii Fit に興味を持ちながら買っていないという二〇代の女性は、ワンルームマンションでひとり暮らしなので家にストレッチをするだけの場所がない人でした。大きなテーブルや飾り棚を買ってしまうと、あとで別のものが欲しくなったときにどうしようもなくなるのです。

大きなクルマも二重の意味で人生に制約を与えます。ひとつは大きなクルマは高額なので、他に欲しいものがあったり旅行に行きたいと思っても、それをあきらめなければならなくなること。もうひとつは、ガソリン代など維持費が高くなるので、割高感を感じてしまうことです。

飲料も、５００㎖のペットボトルよりは２ℓのペットボトルと、大きな容量で買ったほうが割安です。しかし、多すぎて飲み残してしまうことを思えば、割高であっても余分なお金を払わなくてもよいという爽やかさがあります。牛乳もひとり暮らしの人が二日間で飲みきれる７００㎖のものが登場しています。経済主義的には割高であっても心の勘定ではぴったり感があるのです。

ある三〇代前半の女性の場合も、オーブンを買い替える際、最初は機能性に注目して探していたものの、最後に選んだ商品の決め手となったのはそんなことよりも、自分の部屋の置き場にぴったりはまるサイズでした。まるで自分の部屋のために設計されたような完璧な「ぴったり感」に、それ以外のことは目に入らなくなってしまったといいます。

別の二〇代の女性は、無印良品で見つけた棚の幅が自分の部屋の廊下のスペースにぴったりなので購入しました。将来のための余剰ではなく、今の資源を精いっぱい有効に使って生きることが幸福なのです。

そのほか、大は小を兼ねると思って大きめのル・クルーゼの鍋を買ったものの、重すぎて使いにくく、結局小さい鍋を買いなおしたという人もいます。野菜もひとつや半分ではなく、刻まれて小分けされた野菜パックが、若者だけでなくひとり暮らしのお年寄りにも人気があります。

また、子どもたちが独立して二人きりになったシニア夫婦も、リフォームするにあたり、それまで重ねてきた増築の代わりに、使わなくなった部屋を減らす「減築」をするようになってきました。「減築」でできたスペースは、ガーデニングをする庭にしたり、来客用の駐車場にしたりして有効活用するのです。同時に、大型高級外車に乗っていた人が、高齢者にも運転しやすく小回りのきく小型車や軽自動車に乗り換える例も多くなりました。

家族時代にあった隣の人の視線、ブランド時代にあったメディアの視線は消え、今は幸福の評価基準は自分自身の心の中にある「ちょうどいい感覚」なのです。

＊無印良品の「シンプル」がうけるわけ

無印良品が若者に人気があるのも、この「手ごたえ消費感覚」と関係があります。

無印良品は、当初は傘の割れたしいたけや無漂白のメモなどの「わけあって安い」商品を提供していましたが、生活雑貨、家具に至るまで、現在七〇〇〇アイテムを超えるまでに成長しています。

無印良品のデザインを担当している原研哉氏は、デザインについて、すべての余計な装飾を排除し、「考え抜かれた末のシンプル」を実現していると言います。手を抜いているのでもなく、省略して機能が付いていないのでもなくて、モノとして考え抜いた末に必要なものがぴったりとデザインされているところが、若い人々の心を惹きつけています。「わけあって安い」から、「無駄がなく心にちょうどいい価値」の提供へと変化してきているのです。

ユニクロのシンプルで機能的な服が好まれているのも、同じような理由からでしょう。一時はアルマーニで身を固めたり、シャネラーと呼ばれるようなひとつのブランド品で統一した着こなしをした人がかっこよく見えたりした時代もありました。が、今、人々は、素の自分のよさをもっと出したいと考えているのです。

ファッションや化粧からは、異性の目が徐々に消えつつあります。「今年はどんなリップが魅力的か」という商品開発の会議には、男性の視点はほとんど取り入れられません。女性の言う「かわいい」は、女性自身から見た「かわいい」であって、男性から見た「かわいらしさ」ではありません。

最近、電車やバスの中で化粧をする女性は、近くに若い男性がいてもまったく恥じる感覚がありません。彼女たちの化粧には異性の視線は存在しないのです。ひたすら自分の思う「かわいさ」に向かって顔をつくっているのです。

ここでも他人の視線は消えています。

＊「手間や不便」を消費する

「手ごたえ消費」は、「ちょうどいいという感覚」をさらに突き抜けて、不便なこと、手間がかかることに向かいます。

三種の神器（冷蔵庫、洗濯機、白黒テレビ）、３Ｃ（カー、クーラー、カラーテレビ）は、便利さが訴求ポイントで、家事時間を省力し、生活を快適に楽しくしてくれるものであり、生活の必要性から人々を解放し、余暇・レジャーを楽しめるようにしてくれるものでした。

しかし今は、レジャー時間へのニーズは減少しています。九〇年代に入ってから日本人の労働時間は減少し、法律の改正もあって休日の新設や振替休日により休日の日数が増えました。が、その実態は、家でごろごろする人が増え、若者は自分の部屋にこもってパソコンやケータイをいじっています。規則的に休日を与えられても、さまざまなことをし飽きた人々にとっては、新たな刺激のある課題を考えなければならない苦痛の時間にもなりかねない状況なのです。

一方、生活が便利になりすぎて生きている実感がなくなってきているようでもあります。家族消費の時代の生活の初期には、生きている手ごたえがたくさんありました。冬の炊事・洗濯の水は手に冷たく、編み物をすれば時間とがんばりに比例して編んだものが大きくなっていきました。その負の要素を取り除くため、家族の物語の消費は主婦を家事の重労働から解放し、彼女たちの自由な時間を増やすことに役立ちました。

しかし、その商品の多くはブラックボックスで、コンセントをつないでスイッチを押すと、便利な機能を発揮してくれるものです。身の回りにブラックボックスが増えていくようなもの。生活は便利になり快適になったものの、生きている手ごたえを感じる幸福がなくなっていったのです。

そこで、手ごたえ感覚で、あえて不便なものを選択するようになっています。家族のための家事には手がかからなくなった余裕を、わざと不便で面倒なことに置き換えて、幸福の実感を取り戻そうとする行動が増えています。いわば、**不便をお金で買う**ことを楽しむようになったのです。

＊育てる手ごたえを楽しむ

〇八年にはスーパーやホームセンターでの野菜苗の販売が急激に伸び、食の安全志向と重なって家庭菜園がブームです。〇八年のはじめに急激な原油価格の高騰があり、商品の多くが値上げされ、生活防衛だともいわれましたが、家庭菜園が流行ったのは、その理由だけではありません。

野菜の苗を購入した人は、本気で家庭の野菜をまかなおうと思っているわけではありません。そうではなくて、自分が食べる野菜を育てる手ごたえを楽しもうとしているのです。

二〇代の女性で、庭で育てたトマトが実っていく姿をケータイで撮って写真を友人たちに送っている人がいました。花は咲くけど実がほとんどつかないのはなぜかということを、一生懸命ネットで調べていました。これだけで人生の幸福のすべてがカバーされるわけではありませんが、この夏は十分幸福感が持続するでしょう。

このブームに乗って、植物を育てる環境も整ってきました。都心に会員制の貸し菜園がオープンし、都市生活者の栽培欲求をさらに高めています。平山あやさんなど人気タレントも利用しているとあって、家庭菜園がおしゃれな作業として注目されているのです。タレントだけでなく、クリエーターなどの超多忙な人々が、時間のかかる農業に関心を高めてきています。

そこまで本格的に時間を割かなくても、職場で植物を育てている人も増えています。特に女性に人気なのが「まりも」。「まりも」が光合成をして気泡を出している、成長してまりもの色が生き生きとしてきたなど、日々のちょっとした変化が楽しいらしい。もう少し活発に成長させるように、「まりも」専用の麦飯石を東急ハンズで買ってきて投入してみたり、日当たりを考えて置き場所を変えてみたりと、そういう手間をかけてやることで生活の手ごたえを実感しているのです。

＊身体の手ごたえを楽しむ

やはり一時的なブームに終わってしまったビリーズブートキャンプですが、体を動かしたくてうずうずしている人々の欲求を見事にとらえたものでした。

一万数千円という高額なビリーズブートキャンプに飛びついたのは、暇を持て余した人ではありません。どちらかというと、挑戦していたのは、仕事に多忙な高額所得者でした。六本木のスポーツジムに行くと、雑誌でよく取り上げられているような著名なＩＴ企業の社長さんたちに会えるそうです。その横で未来の起業家たちが、かれらを追い越そうと自らを激励しながら運動しているのです。

忙しい人が運動をするのは、ふだん運動不足になるからではないでしょう。もちろん、ブランド消費に似た「自尊心」と「承認」という他者の目を意識した側面もあるでしょうが、そうだとしても、モノを所有することではなくて、身体感覚を楽しむことに価値を置いているのです。特に、ふだん頭ばかりを使う人にとっては、この「身体感覚を楽しむ」ことは魅力的で、スポーツジムに通う人に知的な仕事をする高額所得者が多いのはそのためです。

任天堂のWiiが爆発的にヒットしたのも同様の理由です。このゲーム機が画期的だったのは、ゲームをするために体を動かさねばならないことです。もともとは指先の動きだけで宇宙船を打ち落としたりレースができたりするところにゲームとしての感動があったわけですが、実際に体を動かしたとおりに画面が動くというアナログ感覚の機能に、かえって新鮮さが生じたのです。

本も声に出して読む、名作の文章を書写する、大人向けの塗り絵をするなど、目と頭だけでしていた行為を、口や手を動かすものにすることで、新たな身体感覚を楽しむことができるのです。

＊家事も趣味になれば楽しい

作家の椎名誠氏は、料理と洗濯が好きなのだそうです。原稿を書く作業は、ときには思いどおりに進まないことがあるものですが、家事は取り組むと確実に成果が上がるため、原稿が進まないときに精神的な救いになるといいます。一般の人でもその傾向は見られ、家事は日常生活の中で、成長している実感を得るための手段になっています。

日経MJの調査によると、休日の過ごし方として「洗濯・掃除など家事をする」と答えた二〇代は、二〇〇〇年の三五・八％から〇七年には四三・七％に上昇しています。電通の調査でも家事が好きな二〇代、三〇代が増えています。

家族時代に面倒なものとして敬遠されてきた家事が、身体感覚を取り戻してくれるものとして新たに注目されているのです。

＊快適から素朴へ

お金にゆとりがあるのに、あえて昔ながらの素朴な生活を楽しんでいるのも同じ理由からでしょう。都心の高級マンションを買えるようなタレントが、京都の古民家をお金をかけて改修して住んでいます。お笑いタレントの寺門ジモンさんは、都心に家があるのに、あえて野宿を楽しんでいます。

健康ブームの名のもとに、お米よりも高い値段を出して雑穀米を食べている人もいます。都心に住みながら、クルマを持たず、自転車で通勤する人もいます。むしろ、そうしたいから都心を選んでいるのかもしれません。

ＨＩＳを創業した澤田秀雄会長は、今でも創業前から行っていたようにバックパックで旅をしているといいます。豪華な旅行に行くゆとりのある人が、あえて「断食ツアー」に参加しているという話も聞きます。

これらはすべて、便利になりすぎた生活から、「手ごたえ実感」を取り戻すための活動だと読み解くことができます。幸福の研究によると、人は少し前まで幸福だと思っていた状態にいざなってみると、その一時期は幸福感を感じるけれども、すぐに馴れてしまって幸福感を感じなくなるといいます。幸福逓減の法則というものがあり、ワンランク上のものを目指して、それが達成されるとさらにワンランク上のものというふうに求め続けると、次第に以前ほどの幸福感を感じることができなくなるのです。

つまり、家族・ブランド消費時代の買い続けることで幸福を得ようとすることには、最初から限界があったのです。そのような幸福の追求は、バブル経済期を頂点にして、みごとに裏切られてしまいました。わたしたちはいくらモノを買っても豊かさを実感することができないことを知ってしまったのです。

匂いは、無臭の状態から匂いのあるところに入った瞬間に感じることができますが、そこにとどまっていると感じることができなくなります。幸福もこれに似ています。

幸福は目標を達成したところに宿っているのではなくて、上向きであろうと下向きであろうと、変化のなかに宿るものです。

生活水準が上昇する変化のなかでの幸福を感じることができなくなったわたしたちは、今度は下降する変化のなかに幸福感を見出そうとしているのだともいえるでしょう。だから、豊かな時代には素朴なものが心に刺さるのです。高級料理を食べ飽きたときのお茶漬けの味わい。あるいは、テレビゲームに飽きたときのすごろくのおもしろさ。

二〇〇八年の大ヒット映画となった『崖の上のポニョ』は、ＣＧ全盛の時代に、宮崎駿監督があえて手描きのアニメにこだわって制作しました。さまざまな味や体によい成分を配合された飲料がたくさん出ても、相変わらず根強い人気の天然水とお茶の例もあります。

そう考えると、豊かな時代を生きる我々には、幸福の素材がいくらでも見つかります。ただ、懐かしさから下流の生活が良いのではなく、中の上以上の生活ができる余裕があるのに、あえて贅沢な生活をしないということがポイントです。豊かな時代には、ピンとキリを自由に行き来できることが最高の贅沢になるわけです。

＊手ごたえへの欲求

ワープロやパソコンの時代になったにもかかわらず、再び手書きが見直されています。ゲームソフトでの美しい文字の練習がブームになったり、万年筆がブームとなって、「趣味の文具箱」という雑誌が創刊され、それに触発されて『クローズド・ノート』（雫井脩介著　角川書店　二〇〇六）という小説まで登場し、映画化もされました。

これは文明への批判や反動といったものではなく、「時間密度」を高めたいという欲求であることに注目すべきです。デジタル時計が出たときには、人々はいっせいにデジタルの腕時計を買い求めましたが、結局はアナログ時計に戻っていったように、自分の心の丈と心のスピードで生きたいというのが、人々の幸福でありたいという欲求の形なのです。だから、字を書く道具として一本一〇〇円のボールペンでも十分なはずですが、何万円もする万年筆を選ぶ人もいるわけです。そのわけは、同じ字を書くのなら、価値のある道具を使いたいという気持ちです。

人生の時間は限られています。無限にさまざまなものを経験することはできません。クルマが好きで人生をクルマにかけているような人でも、一生に乗れるクルマの数は四年おきに買い換えたとしても四〇年間で一〇台です。プラスチックのペン立てなら一〇〇円均一ショップで買えますが、職人が手間暇かけて木で作ったペン立ては五〇〇〇円します。一〇〇円均一で白いお皿なら買えますが、陶芸家が作った備前焼のお皿は三〇〇〇円はします。でも、長く使うものであれば、できるだけ良いものを使いたい。人生の「時間密度」を高めるには、良いモノを使って豊かな時間を過ごすことです。そんな欲求が高まっているのです。

どんなものでも欲しかった時代は過ぎました。日本が工業先進国であるヨーロッパから直接輸入している商品は、ワインやブランドバッグ、そしてフェラーリのような職人の手作りによる自動車。どれも労働集約的で、手仕事のよさが残っている製品です。ＥＵの国の中で、日本で貿易赤字（輸入超過）となっている相手国は、これらを日本に輸出しているフランスとイタリアだけなのだそうです。

これからは素朴なものほど値段が高くなる傾向があります。しかし、それだけ豊かな時間が得られ、使い捨てでない、使い込むほどに古つやが出る満足感が得られるのです。

＊お金から解放される幸福

さて、極論ですが、「手ごたえ消費」の究極の姿は、お金から解放された生活です。多くの、おもに男性の理想の生活は、誰にも指図されず、自分の畑を持って自給自足で田舎暮らしをすることだそうです。お金から解放された生活をするためには退職金のすべてを使ってもよいと夢見ている人も多いのではないでしょうか。

この**「お金から解放されるためにはお金を全部使ってもよい」**という一見矛盾するような考え方は、もし実現可能であればもっとも魅力的な選択です。

豊かさと幸福との関係を、お金をキーワードに言い換えてみましょう。これには、三つの段階があります。

ひとつは、お金で必要なものが買えれば幸福である段階。戦後の日本が経験してきた時代です。

次に、お金があれば何でもできる段階。家事もアウトソーシングできるし、安心も買うことができます。お金万能の時代で、今はまだ、この状況に近いかもしれません。

そして最後の段階は、お金がなくてもできることがたくさんある状態です。いわばお金から解放された状態です。財布をまったく開かずに過ごし、しかも充実した一日が過ごせたと感じる状態です。

この数年でお金の亡者のような人はずいぶんと減ってきたように思います。人々は、そんなに贅沢な暮らしをしたいわけではないけれど、何かをしたいときに困らないだけのお金があればよいと考えています（それさえも今、難しくなってはいるのですが）。

結婚相手にも、かつての３Ｋ（高学歴、高収入、高身長）にあったような高い収入の人を求めているわけではありません。老後の不安も、贅沢をしたいわけではなくて、人から大切に扱われ、惨めな思いをしたくないが、それが可能かということでしょう。それがおおかたの人の本音です。

だとすると、ささやかながらお金を使わないことで得られる幸福は今でも手に入ります。

休日に外出するときに、定期券の範囲内で楽しく遊べたとき。

家電量販店のポイントカードに貯まっていたポイントだけで欲しいものが買えたとき。

自転車で京都の街を隅々まで走って紅葉を見て回ったとき。

ずっと前に買いながら、観る時間がなくて観ていなかったＤＶＤを見たら、予想外に感動したとき。

育てていた植物が増えたとき。

秋に歩道の銀杏を拾ってきて、焼いて食べて、余った銀杏を近所の人におすそ分けしたらとても喜ばれたとき。

インターネットでお金をかけずに旅行の予約をして計画を立てられたとき。


これらは、お金を使えば当然のサービスとして受け取れるものばかりですが、お金を使わないからこそ、幸福が得られるのです。これもまた、快適性や便利さを買うことに反対する脱・家族消費、脱・ブランド消費の形なのだといえましょう。


ただし、自分の好きなことにはまったり、現実の手ごたえを求めるだけの消費のあり方は、永遠には続けられません。

まず幸福を支えるベースとしての居場所がありません。同好の士や自分自身しかいないのですから。次にプレーヤーが、やはり仲間と自分しかいません。だから、承認もその仲間からしか得られません。下手をすると家族から非承認＝否定されるリスクがあります。だから、ときとして、幸福だけれど孤独を感じたりします。幸福のペンタゴン・モデルのうちの「自尊心」は持ちにくくなるのです。

このタイプの物語を支えているのは、「時間密度」の高さと「手ごたえ実感」です。ここで感じられる幸福は、過去からの蓄積にも、これからの未来にもありません。現在がすべてなのです。山田が『希望格差社会』（筑摩書房　二〇〇四）でも指摘したように、かれらは「現在に逃げ込んで」いるのです。

この物語をさらに完璧にするには、幸福のベースを持つことと、承認のプレーヤーを増やすことが必要です。

3 新しい萌芽

＊コミックマーケットの先進性

「自分を極める物語」のなかにも、他人とつながる萌芽の希望があります。「はまる」ことを続けるためのつながりです。自分たちの好きな世界を守っていこうとする思いが自分の満足追求を超えて、社会とのつながりを生むようになりつつあります。

コミックマーケットは、東京の国際展示場で、夏と冬に毎年二回開催されるオタクたちの同人誌を販売する大イベントです。毎回三日間ずつ開催されますが、特に夏のイベントでは約三万五〇〇〇の同人誌サークルが参加し、三日間で五五万人を動員、その数はディズニーランドの正月三が日の入場者数をはるかにしのいでいます。

これに参加する人は、まさにこの日のために一年を生きているようなもの。会場はごった返すことから、お目当ての同人誌を手に入れるために、始発列車に乗って会場に押しかけます。開場時間に着こうものなら、炎天下に一キロを超える列に並んで入場を待たねばなりません。たくさんの同人誌を買い込むために、小旅行用のカートを引っ張っている女性もたくさんいます。

コミックマーケットのすごいところは、動員数だけではありません。運営が二〇〇〇人のボランティアで行われている点です。つまり、運営している側の人の報酬はゼロ。それでもなぜ運営に参加するかというと、少しでも主催者に近いポジションにいるという「自尊心」を得られるからです。そして何よりも、自分が好きな世界を守るという思いを同好の人と共有しているという、つながりの意識。これが、かれらが金銭的報酬以上に手に入れたいものなのです。

これほどのイベントなのに、広告宣伝はほとんど行っていません。しかも大きな事故もなく実施できています。

コミックマーケットの歴史は古く、七五年に第一回が開催されて以来、年々盛況になっています。大企業は少し離れた会場に集められ、あくまでも同人誌をつくる個人のサークルとそれを買いたい個人が主役の場です。

このイベントを支えているのは、ある種の公共心です。みんな次回もこのイベントに参加したいと思っているので、運営サイドのボランティアだけでなく、参加者もお客さんであると同時に運営者の一部なのです。何か問題を起こす人があればみんなで排除する。みんなでルールを守るので、係員の誘導に素直に従います。会場はごった返していても、参加者も運営者となって秩序を守り、みんなでこの場所を守ろうとする意識が張りつめているのを感じます。地球と密接に肉体を接し、舞台として競技するアスリートが、積極的に海岸の清掃活動のボランティアをしたり、地球環境に敏感に反応するのに似ています。

会場内では同人誌を買うために列ができますが、その列の最後尾の人は「最後尾」と書かれたプラカードを首から背中側に掲げています。自分の後ろに誰かが並ぶと、そのプラカードを後ろの人に渡します。そんな秩序が無言のうちにできています。

当日のプログラムも、運営側に負担をかけないように、早く来て帰る人は、午後から来る人のためにプログラムを回収し、リサイクルします。

このイベントで販売された膨大な数の同人誌は、初回の分からすべてダンボールに入れて、某所に保管されています。企業の研究所でも、過去に作成したレポートすべてが揃っていることは稀だというのに。これが自分の大切なものを守りたいと願う、人々の内発的なパワーなのです。

＊ロックフェスティバルの秩序

野外音楽ライブ、ロックフェスティバルは、最近では夏のイベントとしてすっかり定着してきた感があります。この「夏フェス」は、二〇〇〇年頃から国内で実施されるイベント数が増えはじめ、最近では一〇万人以上の観客を動員する夏フェスも複数登場しています。

ロックフェスティバルのような数万人が熱狂するような場でも、ゴミを出さないように、正しく秩序が守られています。

多くのフェス会場では、ロゴ入りのTシャツやタオルなどのオフィシャル商品を販売しています。価格は高めに設定されているのに並んで買わねばならないほどの人気です。このようなオフィシャルグッズを買い求めるのは、ファンであることの証明という理由のほかに、この活動を応援したいからなのです。

このほか、植物を趣味とする人々が、自生地を守るために土地を買い取ったり、園芸店で山採り品を買わない運動を起こしたり、ワシントン条約で禁止されたものの輸出入禁止を徹底するなどの動きも同様です。

このような秩序が、自分の好きなものを守るために、自然発生的に生まれているのです。「自己完結する関係」でありながら、公共に貢献する萌芽がみられるのです。ここにさらに大きな関係とつながる希望が見出せます。

そこで、次章では、さらに一歩を踏み出して、より社会への貢献を意識した幸福の物語を始めている人々をご紹介しましょう。

第4章

「社会に貢献する物語」の幸福と消費

電通
チームハピネス

＊社会に貢献したい人々

この章では、二つ目の物語、すなわち、自分の人生に対する納得感＝生きる意味を求める動きについて見ていきます。

左のグラフを見てください。〇五年から一致して上を向いている指標が並んでいます。これらはすべて内閣府の調査で、社会に貢献したいかどうか、個人よりも国の利益を優先するか、などで、いずれも個人よりも全体の利益を優先すると答えている人が多くなってきていることを示しています。

「自分を極める物語」における「はまる」消費は、自分の心の内側へと向かい、自分の中の満足感を高めはしますが、はまればはまるほど、社会から離れていくような疎外感があります。このなかだけでは、社会とつながりたい、社会から承認されたいという気持ちを満たすことはできません。

といっても、一足飛びに生身の人間とつながるためには、相手の気持ちを思いやったり利害調整をするなどのコミュニケーション能力が必要になります。

**社会への
貢献意識の推移**

Q.あなたは，日頃，社会の一員として，何か社会のために役立ちたいと思っていますか。それとも，あまりそのようなことは考えていませんか。

**社会志向か
個人志向か**

Q.国民は，「国や社会のことにもっと目を向けるべきだ」という意見と，「個人生活の充実をもっと重視すべきだ」という意見がありますが，あなたのお考えは，このうちどちらの意見に近いですか。

**個人の利益か、
国民全体の利益か**

Q.あなたは，今後，日本人は，個人の利益よりも国民全体の利益を大切にすべきだと思いますか。それとも，国民全体の利益よりも個人個人の利益を大切にすべきだと思いますか。

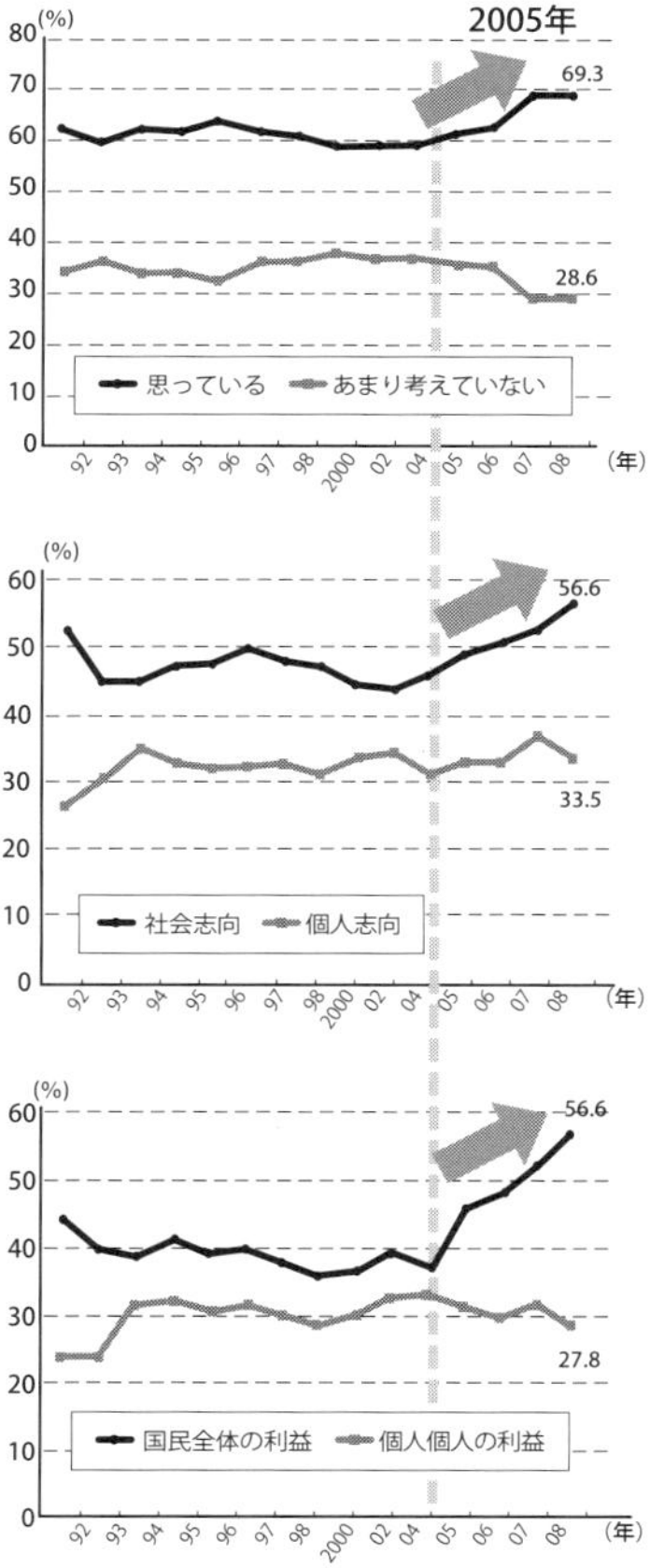

内閣府「社会意識に関する世論調査」より作成

図12　社会貢献意識の上昇

そこで、自分のできることをできる範囲でやることを許され、やりたいときに自発的にやり、やりたくないときには強制されないという**「裁量の自由」**を持ちながら、不特定多数の人との関係を持つことに関心が向かっています。自分のこだわりの世界を極めることに物足りなさを感じる人々は、不特定多数の人を含む社会との結びつきを求めているのです。そうして、自分に社会的な役割を見出し、自分が社会のなかで役立っているという納得感を持とうとしているのです。

自分が社会の中で役立っているという納得感を与えてくれるのは、社会からの「承認」です。自分の活動や存在を評価されることで、もっと社会のために貢献したいと思うようになります。

新人のタレントも、芸能界で売れてくるときれいでかっこよくなっていきます。それは、人から注目されると自分を磨くことにやりがいを感じるようになるからです。

せっかくダイエットをしたのに誰にも注目されないようでは、すぐにリバウンドを許してしまいます。がんばって成果を上げてもそれが評価されなければ、人は努力しなくなるのです。誰かが自分のことを見てくれているという自覚が人を良い方向に導くものです。

人生の目標という意味での家族の価値が薄れ、人々は、より開かれた人とのゆるいつながりのなかに、人生の納得感＝生きる意味を見出そうとしているようです。

＊社会を良くするための消費

では、社会とのつながりの芽はどこから生まれてきたのでしょう。その源流は、ひとつは環境意識の高まり、もうひとつは家族消費の物語の時代にあった幸福の手ごたえに代わる新しい手ごたえを求めはじめたことにあると思われます。

環境に配慮した商品は、二〇〇〇年前後から販売されてきましたが、アンケートでは「興味がある」という人は多かったものの、実際に買う人はまだ多くありませんでした。自分にとって節電や節水の経済的なメリットがあるものに限って、なんとか購入者が増えていったのが現状でした。

今でも基調は自分への経済的メリットの重視にありますが、社会のために良いということも購入をする際の決め手になっているのがこの一、二年の新しい動向です。どうせ何か買うなら社会に良いものをと、プラスワンのおもしろみを、社会を良くすることに求めているのです。

さらに言うならば、社会に良いという理由があるから、本来は買わなかったかもしれないものでも買ってみたいという気持ちになりつつあるのです。


「フェアトレード商品」というものがあります。「フェアトレード」とは、「発展途上国の生産者と、直接かつ継続的に農産物や手工芸品などを適正な価格で取引することを通じ、立場の弱い途上国の生産者や労働者の自立や生活改善を促す活動で、経済的な活動であると同時に人道的側面が強い社会運動」のことです。それに配慮した商品が「フェアトレード商品」です。

国際的に取引されている商品を生産している途上国の生産者の利益を不当に下げて、貧困から抜け出せないような構造で取引されている商品をなくしていこうという国際的な運動で、国際的に活動するいくつかの機関が活動を認証したり、ラベルを付与したりしています。スターバックスのコーヒー豆や、イオンのPB缶コーヒーなど、コーヒーやチョコレートなどに多く見られます。

食品のほか、雑貨品などにも「フェアトレード商品」はあります。フェアトレード商品ばかりを扱う店舗も登場してきました。この認証のついた商品を買うだけで、その人は途上国の人の生活を助けることになります。

バレンタインデーに渡す義理チョコレートなら、フェアトレードのチョコレートを渡せば、社会に貢献することになるし、渡すときに「義理の気持ち」だけではなく、「社会に対する情報」も渡すことができるのです。

〇七年の企業のキャンペーンのなかで注目されたのは、天然水のボルヴィックのキャンペーンです。これは、ボルヴィックを1ℓ買うと、マリ共和国に井戸を掘って10ℓに相当する水を提供するというキャンペーンです。同じキャンペーンが各先進国でも行われ、若者を中心に共感を呼びました（次ページの図14参照）。

また、若い人の間で「ボランティア旅行」が話題になっています。富士山の清掃のために登山するものから、マニラの孤児院で子どもたちと交流する、オーストラリアで熱帯雨林保護再生活動に参加するといった目的の旅行ツアーまで旅行代理店が企画しています。

ボランティアなので、もちろん働いてもお金はもらえません。むしろ、格安チケットで旅行するよりは高い旅行ツアー料金を払ってまで働きに行くのです。学生たちのなかには、

	日本	ドイツ	フランス
実施期間	2007年7月～9月 2008年6月～10月	2005年6月～8月 2006年7月～8月 2007年5月～7月	2006年3月～6月 2007年2月15日 ～6月15日
支援国	アフリカ・マリ共和国	エチオピア	ニジェール
支援した水の量	18.83億リットル	22.8億リットル	15億リットル
支援対象者数	約51,000人	約21,000人	約16,000人
出典	http://www.volvic.co.jp/1Lfor10L/doc/0905201Lfor10L2009pressreleaseFINALweb.pdf	http://www.volvic.co.jp/1Lfor10L/doc/1for10 d f.pdf	http://www.volvic.co.jp/1Lfor10L/doc/1for10 d f.pdf

図 13　各国が提供した水の量

長期の休みにボランティアツアーに参加するために、日頃、日本でせっせとアルバイトをしている人もいるそうです。

この旅行に参加して得られるものは、現地の子どもたちとつながることであり、自分が社会の役に立っているという実感です。観光地を訪れておいしいレストランをめぐるとか、ブランド品を買って回るような旅行には飽き足らなくなってきたのです。

＊ギルティ・フリーな生き方

豊かな国に住んでいる日本人は、多かれ少なかれ、ある種の後ろめたさを感じています。世界には一日二ドル以下で生活している人が三〇億人もいるのに、日本では飽食に明け暮れています。日本の食糧の廃棄量は年間約二〇〇〇万トン。金額で約一一兆円分が捨てられています。また、日本は降雨量が多く水資源は豊富な国ですが、世界ではきれいな水を得られる水システムにアクセスできない人が二四億人います。エネルギーでも、一人当たりに換算すると、日本人は途上国の人の五〇倍も使っています。世界の一〇％の人が世界の九〇％の資源を独占しているような状況です。その国のひとつが日本なのです。

「美しい日本の私」と言うにはあまりに口はばったくなってしまったわたしたちは、なんとか清らかな生活を取り戻したいと思っています。

とはいえ、貧しい生活には戻りたくないし、クーラーのない夏にも戻れません。でも、生活水準を落とさずにできるだけ自分の負荷を小さくして生活することは可能なはずです。トヨタ自動車の渡辺捷昭前社長はテレビ番組の中で、つくりたいと思う究極のクルマは「走れば走るほど空気がきれいになるクルマ」だとインタビューに答えていらっしゃいましたが、「生きていれば生きているほど社会が良くなる人」になれたらと、そんなふうに考えはじめた人たちが目指している生活が、「ギルティ・フリー」な生き方。贅沢や豊かさを享受している罪悪感から解放された生活です。

そして、それと同じ考え方を共有する企業や、自分が実行したいことを可能にする商品やサービスを提供してくれる企業を支持したいと考え、そのような企業の商品を買いたいという人が増えてきているのです。それが、企業の開発を促し、結果として企業にとっても消費者にとってもWin-Winの関係をつくることを可能にします。そして社会に貢献する物語を築こうとしているのです。

＊デタッチメントで強くなる

こうしたなか、社会を動かす原理が変わりはじめています。

都市計画であれ、政治であれ、上から与えられた時代には、誰かプロデューサーがいて、その人のシナリオに沿って物事が進んでいました。そのシナリオには、関係する人の利害調整があり、みんなが合意できる落としどころがありました。しかし、今のように価値観が多様化してしまうと、なかなか利害の調整がつけにくくなってきます。誰も絶対的に君臨できる地位を占めることはできないからです。

このような状況のなかで、唯一、誰も反対することのできない絶対的な意見は、「今の社会が持続していくためには何かをしなければならない」ということだけです。それが**「サステナビリティ」**という価値観です。今は誰もサステナビリティに反対することはできません。それが特別に誰かのためではないけれど、もっと大きなみんなの幸福のためという目標を共有することになるからです。

このように、特別の個人の利害のためではなく、みんなの利益のために良いことであれば、自分の利益にこだわらないという考え方を「デタッチメント」といいます。デタッチメントな態度では、みんなのためになることが優先されます。

〇八年の米国大統領選挙でオバマ氏は、党や自分の利害関係を主張せず、分裂しそうになっていたアメリカをひとつにしようという統合の象徴になりました。オバマ氏は政治家になる前にシカゴで社会奉仕活動家として活動していた経験があります。だから、かれの選挙のやり方は、社会奉仕活動家のスタイルを引き継いでいました。序盤戦で、選挙活動の支援者から、そのあまりにも私欲のないやり方に対して「あなたは選挙に勝つ気があるのか」と突き上げられる場面もあったそうです。

オバマ氏の選挙活動には、著名なアーティストや俳優が自主的に参加しましたが、かれらがオバマ氏の選挙活動に参加した理由は、「自分たちがアーティストとしてやりたかったことを、オバマ氏は政治でやっていたからだ」と答えています。つまり、社会に人々の連帯を作り、社会を良い方向に変えていくという同じ目標を持っていたからだ、と言っているのです。

有名なケネディ大統領の就任演説の冒頭も、「今日は（民主）党の勝利を祝福するのではなく、自由の勝利を祝福するのです」という言葉で始まります。これがデタッチメントな態度です。共通の利益の立場に立つ人は、特定の利害を代表している人よりも、優位に立つことができるのです。

＊サステナブルな社会のデザイン

それでは、この「サステナブル」な社会とは、具体的には、どのようなものなのでしょうか？　海外の例ですが、うまくイメージできる事例があります。

アメリカの航空会社にサウスウエスト航空があります。サウスウエスト航空は、ダラス、ヒューストン、オースチンというアメリカ中部の三都市を結ぶ国内航空として出発しました。この三都市は、車で行くには少し遠いが、飛行機で飛ぶには近すぎるということで既存の航空会社は参入していませんでした。

サウスウエスト航空は、短距離であることを逆にメリットとしてビジネスモデルをデザインしなおしました。短距離だから食事を出さなくてもよく、五ドルかかっていた食事を一〇セントのピーナッツでまかなうことにして、その分、運賃を下げました。運賃が低いので、お客が殺到します。

また、食事を出さないので、食事の搬入と使用済みの食器を搬出する時間もいらず、次のフライトへの準備も短時間でできます。すると、次々に飛行機を離陸させることができるので、予約カウンターをなくし、バスのように順番に搭乗してもらうことができました。これで、予約カウンターを空港から借りる費用も削減でき、さらに運賃を下げることが可能になりました。

サウスウエスト航空は、みんながあまりうまみがないと考えていた短距離輸送であることをメリットに転換して、どんどんとうまくいくような仕組みをデザインしたのです。うまい仕組みを考えた結果、みんながそれに集まってきて、さらにみんなが使えば使うほどメリットが広がっていくことになりました。

サステナブルな社会とは、このようなプラスのスパイラルが働いているイメージです。

「リサイクル」もサステナブルな社会のデザインの方法です。

今、日本に求められる社会的なインフラは、社会的なリサイクル・システムです。自分が使い終わったあとに引き取り手があれば、安心して今のものを捨てて次のものを買うことができます。クルマでも家電でも、リサイクルされるものはある種の安心感をもって買うことができます。

バブル景気の頃は、家でもクルマでも、自分が使い終わったときにはそれなりの価格で売れたり下取りされたりしたので、その期待も込めて購入する人が多かったものです。ダイヤモンドも、一カラット以下のものではダイヤモンド自体の市場がないので換金されませんが、小さなダイヤモンドの市場ができればダイヤモンドもより気軽に買うことができるようになります。

ネットオークションで使い終わったものを売る人、自分が気になる本が出たら真っ先に買って読み終わり、まだ人気のあるうちにブックオフなどのリサイクル店に売る人もいます。そのようなリサイクルできる社会インフラをみんなで育てることで、より消費も活性化していくと思われます。

印税の二〇%をJENというNPOを通じて世界中の難民・被災民の教育支援、自立支援に寄付しているChabo!（チャボ）＝Charity Book Program（チャリティ・ブック・プログラム）という活動があります。本書の著者のひとり、山田昌弘もこの活動に関わっていますが、著者だけでなく本を買った読者も、社会貢献していることになるのがミソです。JENはさらに、不要な本を個人から引き取ってまとまった冊数にし、それをブックオフに売ったお金を寄付にあてています。このような活動も、社会のリサイクルを促進するインフラとして役立っています。

保存の技術の進歩もサステナブルな社会デザインに寄与します。保存技術が飛躍的に発展すれば、情報に限っては、より多くのものを場所をとらずに所有することができます。本も、家で保管するには限界がきますが、デジタルデータとして保存できれば、もっと多くの本を買いたくなります。

かつて、クリントン大統領はサイバー・フロンティアの開拓を提唱し、角砂糖の大きさのチップの中に、アメリカの議会図書館のすべての蔵書を保存できる技術を開発しようと呼びかけました。

それほどでなくても、購入した音楽のCD、録画したテレビ番組、映画のDVD、家庭用ビデオで撮影した画像もたまってくると保管場所に困るようになり、すると無雑作に積み上げてしまうのでアクセスできなくなり、さらに買おうという意欲が下がります。ブルーレイディスクは一枚でDVD方式の約一〇倍の情報を記録保存できるので、有望な商品です。自分がいつでも情報にアクセスできるように、小型大容量の保存方法が消費を活性化します。

さらに、サステナブルに貢献するのが、「長く使える」ということです。社会をサステナブルにするには、自然の回復力と消費のスピードをできるだけ合わせることです。木を切ることが悪いのではなくて、木が成長する速度で木を切って使えばサステナブルになります。

また、経年変化が楽しめるもの、「古つや」が出てくるものは、リサイクルはできなくなりますが、一生手放せないものとなり得ます。万年筆のブームが起こったのも、使い込むほど自分仕様の書き心地を手に入れることができるところに魅力があったからです。

万年筆のペン先は金を含む柔らかく弾力性のある金属でできていますが、紙と接するペンの先端は摩滅に強いインジウムという金属を取り付けて磨いたものでできています。万年筆の新品は金のペン先の弾力のある書き心地を楽しめますが、ペンと紙が接する先端は、何年も使い続けているうちに自分の書き癖で微妙に削られていき、自分にしか味わえない書き心地のペンに育っていくのです。

鉄瓶も、使用していると内部に赤さびが出てきますが、使用中に熱することで黒さびへと酸化します。水に鉄イオンを出すのは赤さびですが、これが増えすぎると鉄瓶がぼろぼろになります。だから黒さびがそれを抑えているのです。鉄瓶を長年使っているうちに、この赤さびと黒さびとのバランスが絶妙にでき上がっていき、鉄分豊富なおいしい湯を沸かす鉄瓶に成長していくのです。

日本の住宅は、二五〜三〇年で建て替えの時期を迎えています。それが国民の豊かさの実感を阻害しているのではないかと考え、福田内閣では二〇〇年の耐久性のある「二〇〇年住宅」構想を出しました。二〇〇九年の住宅ローン減税でも、超長期耐久性のある住宅に対する減税を厚くするなど、日本の住宅も短期で建て替えるのではなく、手を入れながら味わいの深い住宅に育てていくという発想に転換しつつあります。

サステナビリティを生活に取り入れることは、社会に貢献する物語の核となる考え方です。

＊生活をソーシャルにデザインする

最後に、ソーシャルな課題を解決するデザインについても触れておきましょう。今やデザインは、本体についた装飾であるにとどまらず、物事を進める仕組みの設計や課題に対するソリューションまで含んでいます。

武蔵野美術大学の原研哉教授は、先にも述べたように無印良品のデザイナーとしても有名ですが、かれは日常にあるものを「リ・デザイン」する（デザインしなおす）ことで、二一世紀のデザインを生み出すという展示会を開いたことがあります。それは、日本の著名なデザイナーに、日常でよく見知っているもの、たとえばマッチ棒やティーバッグなどの題材を与えて、二一世紀のものとしてデザインしなおしてもらうという企画でした。

なかでも、ひときわ多くの人の目を引いたのが「四角いトイレットペーパー」でした。トイレットペーパーの芯を四角くし、それに紙を巻いていくと四角いトイレットペーパーになる、というだけのデザインです。

それのどこが新しいかというと、四角いトイレットペーパーは、使おうとして引っ張っても芯が回らないので抵抗します。だから、するすると余分に出ることがなく紙を無駄にしないということ、さらに、便利になりすぎたわたしたちの生活に、引っ張っても出てこないという不便さを持ち込むことで、生きている実感を取り戻すという点でした。単にデザイン的におもしろいというだけではなく、環境問題や現代人の抱える不安や生きる意味に対してひとつの答えを提供してくれていたのです。

課題のソリューションを与えられたとき、わたしたちはそのアイデアに触発されて自分も前向きに考えようという意欲がわいてきます。トイレットペーパーが五センチ無駄にならなかったからといって、地球の温暖化が緩和されるわけではありません。しかし、自分の中で何かを考えはじめ、変わろうとして動きはじめる自分を感じます。

それが幸福につながるのです。自分の人生のなかにもサステナブルなデザインを持ち込むことで、幸福に一歩近づくことができるのです。

「社会に貢献する物語」とは、社会にサステナブルな視点を持ち込み、自分が生活すればするほど社会が良くなっていく実感を楽しめる生き方です。

第5章

「人間関係のなかにある物語」の幸福と消費

電通
チームハピネス

＊わたしたちは「居場所」を求めている

ここまで、「自分を極める物語」、「社会に貢献する物語」を見てきました。それでもまだ、どこか物足りなさがあります。なにか、自分だけの世界や自己満足の中に閉じこもっている感じとでもいうのでしょうか。これでは本当の意味で閉塞感から抜け出したとはいえません。

ここで幸福のペンタゴン・モデルの最後の鍵、**「承認」**の鍵を開けます。

幸福にどうしても必要なのは、他人から自分を承認してもらうことです。「自尊心」は自分で自分を承認することですが、他人から自分が承認され、最終的には自分が社会から承認されて自分も社会を承認する、相互承認の状況になることです。そうなったとき、社会の中に自分の居場所があるように感じられるでしょう。それは自分の部屋や夕日の美しい川べりという物理的な場所ではありません。他人のなかに、自分の役割と存在意義がはっきりしている仲間や組織があるということです。

幸福につながる居場所とは、人の中にある居場所です。

かつての居場所は家族や地域社会にありました。その機能が揺らいでいるなか、別の人間関係を探さねばなりません。「自己を極める物語」、「社会に貢献する物語」では、必ずしも自分の居場所が得られるとは限らないのです。

そこで、人は幸福のペンタゴン・モデルの五つの鍵の中で「裁量の自由」という鍵の一部を脇に置く必要があります。そして、自分の自由の領域の一部を制限したうえで、継続的につき合うことになる人々とのつながりを築かねばなりません。

才能に恵まれていたり、経済的に恵まれた家に育ち、自分の思うように人生を生きてきた主人公が、苦労に目覚め、自己改革を経て、他人を認めるために「裁量の自由」を譲るに至る長い道のりは、さまざまなドラマのテーマになっています。そしてその最終回は、主人公が自分の居場所を見つけるところで終わります。典型的な最終回は、「いろいろあったけど、最後に、仲間に受け入れられて、みんながひとつになる」という結末。つまり、自分の本来の居場所に落ち着くというものです。

ファンの間で賛否両論のある『新世紀エヴァンゲリオン』の最終回も、主人公が仲間の一員として受け入れられ、「ここにいてもいいんだ」という赦しを得る、というのがテーマでした。原罪の意識を背負った主人公が最後に赦される『氷点』もそうです。七〇年代の学園青春ものも、たいていこの形で締めくくられていました。

運命のいたずらで離れ離れにさせられるが、最後に本当に自分を愛してくれる人のもとに戻り、心の安らぎを得ること。『アルプスの少女ハイジ』も『母をたずねて三千里』もそう。映画の名作『エデンの東』も、実の両親に受け入れられない主人公が、女性との愛を通して親と向き合い、受け入れられていくという話です。この種の話は枚挙にいとまがありません。

居場所を見つけられれば、安心して生きがいを追いかけることができます。今の幸福への飢餓状態は、居場所を見つけられない不安の裏返しです。

居場所が見つけられない最大の原因は、家族の中の役割、会社の中の役割、地域の中の役割に縛られることを嫌い、他人から押し付けられる固定的な役割から解放されてきた結果として、人々が安定した役割を失ってしまったからです。いわば、役割というシールドをはがされてむき出しの個人として生きていかねばならなくなったからです。自分が何者なのか、どんな能力があるのか、いつも周りを説得しながら生きなければならなくなったからです。

そこで、対人関係を築くためのコミュニケーション能力が求められるわけですが、それは何の訓練も受けていない多くの人々にとってはきつい作業です。

身近な他人とつき合う人間関係の空間を、劇作家の山崎正和氏は「社交」と表現し、お互いに知り合っている「顔の見える社会」の中で、社交する人間として生きることを説いています。

社交空間の中では、人はおとなとして一定の役割を演じなければならない、「社交」というゲームに真剣に取り組みながら、かといって自分を見失うほど勝ち負けにこだわらず、場をしらけさせないように気配りしながら、常に自分の感情をコントロールしていなければならない、と述べています。人とつながるためには、わがままを自分でコントロールし、幾分かの関心を自分から他人に向けることが必要なのです。

かくして人は、伝統的な役割の中で生きるか、人から距離を置いて生きるかの選択を迫られています。でも現実には、わたしたちは第三の道を選びつつあります。それは人との距離感を調整して、ちょうどいい距離を買う、という方法です。そのために、商品やサービスが「道具」として使われているのです。

＊「つながり」を消費する人々

「モノを買って家に所有するより、人とつながりたい」、「モノは他人と競争して差別化するためよりも、他人と同じモノを仲間としてつながるために持ちたい」、そのような意識が強まっています。

三〇代の消費者の話を聞いていると、よく「確認」という言葉が出てきます。それは、自分が仲間に属していることの確認のために商品を買う、という意識です。

ルイ・ヴィトンのバッグに若い女性たちが群がったのも、自分が欲しいから、というよりは、みんな持っているのに自分が持っていないと仲間ではなくなってしまうという不安からです。それが、日本独特のブランド消費ブームを引き起こしました。その消費は、自分の喜びよりは他人に惨めだと思われないためです。自分を満足させるプラスの消費というより、マイナスにならないための消費なのです。

＊人間関係を育むための消費

社会やみんなのために自分の利益を顧みずに行動することを利他的行動といいます。経済学が想定しているような経済主義的な人間は、自分の利益に反することは絶対に行いません。が、実際の消費の現場で人が利他的に行動するのは、「自分がそうしたいから」、「自分にとってそうすることが気持ちがいいから」です。誰も計算したり無理をして利他的な行動をしているのではありません。自分の満足のためにやっているのです。

人は、他人のために消費するほうが、ダイナミックで豪快にお金を使えます。夜のパレードが終わった後の東京ディズニーランドのおみやげ屋の混雑がそれを示しています。

これらのお店で目につくのは、他人へのおみやげを買う人々。キャラクターの絵柄が付いた大きな缶をいくつもカゴに入れてレジに並んでいます。クッキーやチョコレートの缶は大きく、キャラクターの柄のついたペンも五、六本がひとまとめになって売られているものもあります。これらはディズニーランドに行くことをあらかじめ告げてきた人々に対するおみやげで、多くの人に配ることを前提としています。

自分のための消費であれば、おみやげにお菓子を買うかどうかは、それを食べたいか、それを欲しいと思うかで判断しますが、他人のためのおみやげでは、とにかく他人に喜んでもらえるものを買うことが第一の目的となります。それを渡すことによって、相手に自分のディズニーランド体験を話して、それを共有してもらうことができるからです。

これらのおみやげは、友人たちと話をし、ネタを提供するための道具として役立ってくれます。つまり、**消費が人間関係を育むための道具となっているのです**。

四〇年前の若者たちは、人のしがらみから自由になるために、匿名性の高い都会に住んで自由を楽しみました。そのように、地域、そして職場とのつながりを断ち続けてきた人々が、その揺り戻しとして、今再び「つながり」を求めているのです。

他の消費を抑えても、携帯電話の通信料に費やす金額を増やし、Ｔｗｉｔｔｅｒなどの ＳＮＳやブログで自分のページを訪れた人の履歴をチェックしつつ、深夜まで他人とのつながりを確認しています。そうやって、人とつながるためにお金を使っているのです。

＊ネタを買う

みなでいっしょに盛り上がれるようなネタを買う、あるいはその行動自体がネタとなるような消費を楽しんでいる人もいます。

〇七年、日本を訪れる外国人が増えているのを反映して、東京の都心に高級ホテルが次々と開業しました。誰も体験していないものをひと足先に知っていることは恰好のネタです。二〇代のある男性は、新しくオープンした高級ホテルのスウィートルームを十数人で予約し、みんなで集まって夜遅くまで楽しみました。こうして、みずから体験を創造することによって、他の人に話せる情報をつくっているのです。

日本でいちばん寒い町に友人と冬に訪れ、マイナス四〇度の世界を味わってみるとか、毎年旅行をしている仲のよいグループで、訪れた先々で、陶芸、ガラス細工、和菓子作りなど体験教室に参加する人もいます。

ある植物関係のブログを運営している人は、ネタがなくなると、わざわざ植物を買ってきて写真を撮ってその日のブログのネタにしています。その植物は、必ずしも自分が育てたい植物ではなく、他人が見たら喜ぶだろうと思う植物です。

これらも、人間関係を育み、その関係を続けていくための道具としての消費です。

アメリカから上陸した「行列ができるドーナツ」も、みんなで盛り上がれるネタを提供することで成功した例といっていいでしょう。買うのに一時間は並ばねばなりません。さらに、そのドーナツは一二個入りの箱が定番になっていて、多人数で楽しむことを前提としています。手に入れるために並ぶという手間と、その間に見たガラス張りの調理場でドーナツがつくられていく様子、そして試食で食べたできたてのドーナツの味といった、すべてが、それをみんなで食べるときのネタになるのです。

二〇〇七年、東京の六本木に商業施設・東京ミッドタウンがオープンしました。その一階に川島なお美さんと結婚した鎧塚俊彦氏の経営する洋菓子店があります。この店もケーキを買うために数十分は並ばねばならないという大人気のお店。そこに一粒二〇〇〇円のチョコレートが売られています。

ある二〇代の男性は、仲のいい男女の仲間でモノを持ち寄ってホームパーティを開いたとき、このチョコレートを持って行って人気者になろうとしました。持って行ったものを披露したときのみんなの「オーッ!」という声を聞くのがたまらないらしいのです。

バブル経済の頃の若者であれば、高価なチョコレートなら個人的にそっと渡して、特定の人の歓心を買おうとしたものですが、今どきの若者は、特定の個人よりも仲間に受けるほうが大切なのです。今度は何を持って行こうかと、次を狙っているということです。

このような消費は、他人から必要とされている自分を演出するため、つながりを買っているといえるのです。

＊相手の幸せを買う

プレゼントを贈るということは、基本的に相手に喜んでもらうことを買っているということです。それは、相手を幸福にできる自分を**「手ごたえとして実感」**できると同時に、相手がプレゼントとそれを贈った自分のことを気に入ってくれれば、相手の中に自分の居場所をつくることができる、すなわち、**「承認」**を手に入れることができるからです。

プレゼントをもらうほうも、プレゼント自体の価値よりも、相手が自分のために何を選ぼうかと悩んでくれたその時間と労力がうれしいのです。

ある三〇代の女性は、母親の還暦祝いに、お財布とあじさいの花を贈りました。花は、「母の好きな花」だからとついでに買っただけのものでしたが、プレゼントを渡してみると、実際に喜ばれたのは財布よりもあじさいのほうでした。また来年も咲くように、花が終わっても手入れをしてくれている、と後日に話を聞くと、贈ったほうもうれしくなったそうです。ちょっとした相手への気遣いが予想外の結果を生んだ例です。

また別の人は、古本屋さんで、友人が興味を持っているテーマにぴったりのマニアックな本を見つけたので、買って贈ったところ、「まさに自分のツボにはまった！」とこの上なく感謝されたそうです。でもその本の値段はたったの九〇〇円。プレゼントの価値はモノの価値ではなく、気持ちの価値なのです。

こうしてみると、コミュニケーション能力とは、相手が何を喜ぶのかを知っている能力だということがわかります。もちろん、自分のための消費がなくなるわけではありません。が、「与える」ための消費はとても満足度が高い消費です。

所有することから与えることへ。消費を道具として使うことで新しい幸福の物語が生み出されているのです。

第6章

究極の消費としての仕事

電通
チームハピネス

＊仕事という「消費」

家族消費やブランド消費のモデルが行き詰まるなか、

「自分を極める物語」 として、

①自分の強い衝動を満たすための「はまる」消費

②豊かさを実感するための「手ごたえ」消費

「社会に貢献する物語」 として、

③社会がサステナブルであるように循環する気持ちよさを満たしてくれる「ギルティ・フリー」な消費

④生活に循環する要素を持ち込む「サステナブル」な消費

「人間関係のなかにある物語」 として、

⑤つながりを強めるための「与える」消費

と、新しい三つの物語に乗った五つの「道具消費」を見てきました。

しかし、この三つの物語、そして、幸福の五つの鍵＝ペンタゴン・モデルをもう一度見直すとき、それらのすべての要素を包含し得るひとつの活動があることに気づきます。それが、「仕事」です。家族消費、ブランド消費の物語を完全に補完するストーリーを持つ「消費」とは「マイナスの消費」、つまり、消費の反対の概念と考えられていた「仕事」にあったのです。

働くことがなぜ消費なのかというと、働くことも原材料を買って使用するという意味では、消費と変わらないからです。プラモデルを買ってきて組み立てるのと、自動車の工場で材料を買ってきてクルマを組み立てるのと、大きく見れば行為としては同じことです。違うのは、それが自分の好き勝手にできるか（「裁量の自由」）と、それが楽しいか（「時間密度」）です。

「裁量の自由」があり、しかも作業が楽しくて**「時間密度」**が高ければ、仕事は消費と同じ形となり、幸福につながる行動になるわけです。しかも、楽しんだうえに評価され（**「承認」**）、熟練して徐々にうまくなっていくことができ（**「手ごたえ実感」**）、給料までもらえる（**「自尊心」**）ので、幸福として申し分ないわけです。

実際、かつて職場は楽しい場所でもありました。まだ住宅設備が十分でなかった昭和四〇年代、会社では夏には冷房が利いていて、自由に使える机と電話があり、そして、いっしょに働く仲間がいました。「朝起きたら自然と足が向く場所が会社だった」と、電通に勤めていた藤岡和賀夫氏は『さよなら、大衆。』（PHP研究所　一九八四）の中で回想しています。

わたしたちが仕事を否定して消費に没頭するようになったのは、それほど昔のことではありません。八三年に東京ディズニーランドが開園し、余暇・レジャーブームが起きた八〇年代に入った頃でしょう。続く九〇年代にも、政府は「生活大国」を標榜し、日本の労働時間が国際的に長すぎることが豊かさの実感や幸福感を押し下げているのではないかと考え、国民の休日を増やしました。ところが皮肉なことに、今は、やりがいのある仕事が、もっとも幸福感を与えてくれるものになっているのです。

九〇年代に、仕事と余暇の関係について奇妙な現象に気づきました。九〇年代に若い女性は働くことに意欲的で働きたがっていたのに、中高年の男性は仕事をつらいと感じ、できれば辞めて悠々自適の生活を送りたいと思っていたのです。女性は働きたいのに働けない。男性は働きたくないのに働かざるを得ない。

この現象のからくりは、ひと口に「仕事」といっても二つのタイプの仕事があったことによります。中年男性の「仕事」は、上から与えられた組織の仕事であるのに対し、若い女性にとっての「仕事」は、自分が成長できるようなやりがいのある仕事を意味していたのです。一般に「仕事」と呼ばれているものには、会社から強制されてしなければならないものと、内発的なモチベーションに基づいてやりがいを持って行うものとがあります。幸福に結びつきやすいのは、いうまでもなく後者の仕事で、これを九〇年代の女性は目指したのですが、〇九年の今となっては、前者の仕事すら持てない人が増えています。それでも、仕事は、自分の居場所と役割を与えてくれるという点で幸福のペンタゴン・モデルの鍵のひとつの「承認」、「手ごたえ実感」を与えてくれるものになっていますが…。

とはいえ、今の若者が理想として求めている働き方は、やはり組織の歯車としての働き方ではなく、自分の能力を発揮できる仕事、自分の個性を活かせる仕事です。ある程度裁量の自由が利き、自分の納得できるように仕上げていける、職人のような働き方です。

二〇〇〇年以降、共働き世帯が専業主婦世帯をはっきりと上回るようになったのは、象徴的なことです。専業主婦は、消費によって家事を切り盛りし、よい家庭を維持するという役割に満足感や自己実現を感じていました。消費による自己実現が強く出ていました。ところが、それに飽きたらず、仕事での自己実現へのシフトが始まった、というのが、単に経済的理由にとどまらない現状なのです。

＊仕事を「買う」人が現れた

今では、生涯現役で仕事をするために、仕事をお金で買う人も現れてきています。山田さん（仮名）、八〇歳は印刷会社を経営しています。彼は、すでに年金をもらっていて、年金で生活できる身分です。それなのに、自分の年金をつぎ込んで会社の赤字を埋めながら会社を続けているのです。従業員を雇いながら、自身も封筒貼りの作業を続けています。

会社を閉じてしまえば、赤字もなくなるので、年金で消費を楽しめるはずですが、それでも年金を使って働くことを選んでいるのです。そして、そのことは、会社を退職した同年代の仲間たちからうらやましがられているのです。

＊仕事を楽しむために自己投資する

仕事をしながら、マーケティングセミナーや大学の講座に自費で参加している人も増えています。アメリカでは仕事の流動性が高いので、資格を取ってより年収の高い仕事を狙おうという意図があるかもしれませんが、日本では今の仕事をより楽しみ、充実してやりたいために自己投資で来ている人が多いようです。

書籍でも、ビジネス書は数十万部のベストセラーがよく出る分野ですが、なかでも目立つのが「勉強本」です。単なるハウツーものではなく、ビジネスに対する心構えや賢く生き抜くための処方箋が書かれた本に人気が集まるようです。

『さおだけ屋はなぜ潰れないのか？』というタイトルは親しみやすいものの、その内容は会計学の本です。やさしく楽しく学べそうならば会計学も知っておこうか、という学習意欲は賞賛すべきものです。

そのほかにも『年収10倍アップ勉強法』、『レバレッジ勉強法』、『竹中式マトリクス勉強法』など、ベストセラーが続出しています。これらの本は仕事を楽しむだけにとどまらず、人生の教本としても読まれているようです。つまり、仕事でいかに幸せになるかが書かれているのです。

勉強をするための場所を提供している組織もあります。六本木ヒルズの森タワーにあるアカデミーヒルズは月九〇〇〇円の会費で、六本木ヒルズの四九階にある図書と机を自由に使えます。会員数は約三〇〇〇人。会社に行く前や、土日の午後に立ち寄って自分の時間を過ごしています。そこに集まっている人がみな、自分と同じように向上心がある人々なので、学習意欲が高まるといいます。仕事や勉強のために自分の時間とお金を使って、充実した時間を得ているのです。

仕事とは、二〇歳前後から六〇歳前後までの平日の昼間という、人生の最高の時間を費やす活動です。人生のなかで仕事の占める割合は相当高いので、仕事の時間を楽しめなければ人生を楽しむことができなくなってきているともいえるのです。

＊仕事は幸福の五つの鍵を開く

仕事と幸福との関係について、幸福のペンタゴン・モデルを使って評価してみましょう。

①仕事と「時間密度」

仕事の最大のメリットは、仕事をしている間はほかのことをしなくてもよいということです。休日は自由に使える時間である一方で、何をすべきか、自分で新たに課題を考え出さなければならない時間です。ごろごろしていると、こんな過ごし方でよいのだろうか、と自己嫌悪に陥ることもしばしばです。仕事にはそんな悩みはありません。仕事をしている間はそれに没頭していられます。

電通チームハピネスは「人生満足度調査」という調査を実施しました。そのなかで、一週間のうちでもっとも充実した時間はどんなときかを尋ねたところ、「平日の仕事が終わったあとの時間」、次に「好きな仕事をしている時間」と続きました。これに比べて、「休日」はそれほど高く出ませんでした。

平日の仕事が終わったあとの時間は、何の後ろめたさもなく、自由に自分を解放できる時間なのです。しかも、仕事のあとで疲れているはずなのに、充実感が高まっているので、のんびりするよりは買い物に行ったり映画を観たりと、アクティブに活動しています。暇で時間を持て余しているときよりも、忙しいときほど本を読んでいるのと同じ現象だといえます。

②仕事と「手ごたえ実感」

家族消費の物語の時代には消費によって豊かな家族を築くことが自己実現になっていましたが、今日では、人々の意識は仕事による自己実現のほうに向いています。

適切な課題を与えられる職場では、社員は日々成長していることを実感できます。その達成感は、昇進や昇給という形となって確認することもできます。

③仕事と「自尊心」

仕事をしている人は、何より、社会でちゃんと働いて自立しているということで自尊心を持つことができます。仕事では具体的にモノやお金、情報が流れていくので、その組織における自分の影響力を実感することもできます。

④仕事と「承認」

家事をする主婦の大きな不満は、家事がなかなか評価の対象にならないということです。

夫が妻に日々の部屋の掃除に対して「ありがとう」を口に出して言うことはあまりありま

せん。家で家族にコーヒーをいれてもお礼を言われることはないが、職場でコーヒーをいれたら確実に「ありがとう」と言われる、というのは象徴的な話です。

仕事には、それを通じて人とのつながりがあります。また、よい仕事をすれば相手から感謝や尊敬が与えられ、承認欲求も満たされるのです。

⑤仕事と「裁量の自由」

仕事でもっとも得にくいのは、「裁量の自由」です。よほど特別な地位にいる人でない限り、好きな時間に出社して、好きなときに好きな仕事だけをするということは許されません。会社の規則や会社のノルマなどに押しつぶされて被害者意識が高まると、仕事は幸福のもととはなりません。

しかし、同じように規則やノルマがあるなかで、与えられた課題を工夫して乗り越え達成感を味わう人にとっては、仕事が幸福につながるものとなります。

また、これからのトレンドとしては、裁量労働制の導入、在宅勤務の拡大など、職場の中の自己裁量の度合は拡大する傾向にあります。「裁量の自由」という弱点を克服することで、仕事は家族消費の物語を上回る幸福の源泉になる可能性を秘めているのです。

＊お金から解放されたいと願う人々

「裁量の自由」を高め、自分が仕事の主人公であるということは、内発的な動機に基づいて仕事をしているということになります。

内発的な動機に基づいた仕事を求める人は、給料よりもやりがいを優先して会社を選びます。仕事で成果を上げた結果、昇進して給料が上がることをうれしく思わないわけではないですが、それは目的ではありません。それより昇進することによって好きな仕事ができなくなることは好ましくないと考えています。管理職になって、会議が増え、仕事が楽しめなくなることは好ましくありません。

しかしながら、彼らも、お金はどうでもよいと考えているわけではなく、お金は自分の行動の成果に対する評価なので、給料は高いほうが望ましいと考えています。このような志向の持ち主は、成り上がりでもなく、金の亡者でもない。電通チームハピネスはがつがつせずに豊かさを求める、このような人々を「ソフトリッチ」と呼んでいます。彼らは、お金に執着すればするほどお金に縛られることを知っています。できれば、お金から解放されたいと願っていて、仕事で充実感を得られる生活であれば、別に休みや余暇活動がなくても幸福なのです。

政府はワーク・ライフ・バランスを提唱していますが、内閣府のディスカッションペーパー（No.182）で袖川は、「ワークとライフがバランスするのではなく、『ワークライフ』というひとつの生き方」をいかに充実させるべきかを説きました。「時間密度」という視点から仕事を見直すと、定年は自由な時間を増やすものの、職場で築いた人間関係を奪い、仲間を奪い、何よりも充実した時間を奪ってしまうものとなります。

高度経済成長時代に日本人の多くは企業に勤めるようになり、サラリーマン化が進みました。その結果、多くの人が定年を経験しなければならなくなりました。それ以前は自営業や農家が多かったので、体が動かなくなるまで仕事をすることが可能でした。駄菓子屋やたばこ屋、文房具屋はたいていお年寄りがお店に立っているのが日本の風景でした。

銀座の昭和通りにある「ナイル」という、常連客が押し寄せる有名なカレー店がありま す。八〇年代には、ナイルカレーの創設者の「おやじさん（ナイル氏）」が入り口のレジの横の小さな椅子に座って、杖にあごを乗せて満足そうに店内を見ていました。かれは、ネルーとともにインドの独立戦争を闘った勇士で、その後、日本に来てカレー店を開いたインド人です。

お店からすると、何かを手伝っているわけではないようなのですが、仕事の邪魔ではなく、お店にとってなくてはならないひとつの部分になっていたのです。残念ながらナイル氏はもう亡くなってしまいましたが（幸いにお店はまだ健在です）、かれのような人生の過ごし方は望ましい生き方のひとつです。

幸福の視点から見れば、定年がいかに酷な制度であるか、生涯現役で働くということがいかに必要なことかもよくわかります。

＊ワークライフをバランスさせる

お金から解放されることを願う人々が今後ますます増えていくことで、仕事の意味が変化していく可能性があります。すなわち、「仕事とは楽しむために行うものであって、結果として収入が得られればよい」というものになっていくということです。すると、仕事は、「生活のための労働」の部分と「やりたいことを行う仕事」の部分が混じったものになります。

幸福の視点から見れば、ワーク・ライフ・バランスよりも、生活のための「労働」とやりたいことを行う「仕事」とのバランスのほうが大切になります。

利益よりもやりがいを優先する組織といえば、NPOが思い浮かびます。売り上げのノルマや利益でがちがちに縛られた組織で働くよりは、社会やみんなの共通の利益のために、従来の株式会社や政府ではできなかった仕事をやりがいを持ってやりたいという人が増えてくるでしょう。

それを反映するように、アメリカでは今世紀中に、株式会社で働く人の数よりも、NPOで働く人の数のほうが多くなるという予測もあります。日本でそうなるかどうかはわかりませんが、確実なことは、企業の中でもNPO的な働き方をする人の数や時間が多くなるということです。

3M社では、以前から一五%ルールという規則を設けて、勤務時間の一五%までは自分や社会のためになる仕事に時間を使うことを許されています。このような取り組みから、3M社の新製品のアイデアが生まれることもあり、結果として企業のイノベーションに貢献しているのです。

電通チームハピネスでは、一年間のうちに「熱心に働く時期」や「充電の時期」などと季節が移り変わるように自分の仕事に対するモードを会社に申請し、自分の予定とペースで働くというアイデアを出しました。そうすることで、仕事のストレスから逃れられる期間を確保でき、少子化にも寄与すると考えたのです。これをわたしたちは「仕季」と名付けています。

デザイナーの中村勇吾氏は、そのアイデアに近い働き方をしている人です。半年だけ働き、あとの半年は「充電の時期」として自由な発想で遊ぶというパターンで働いているのです。テレビ番組で紹介されていたのは、ハイスピードカメラでさまざまなものを撮影してみるという「遊び」でしたが、充電の時間に培ったアイデアを仕事の時期に活かして生産性を高めているのです。

そこまでできないにしても、フルタイムで企業に属するのではなく、給料は減っても週の半分だけ働くとか、フルタイムで働きながらもNPO的な仕事の時間を増やしていくといった働き方が、現実に起こってくると考えられます。

京都の綾部で「半農半X」という生活を実践している塩見直紀さんは、この輪を拡げているひとりです。幸福のベースとしての家族などの基盤を持ちながら、自分が一生をかけて追求できる天職を見つけて従事していくというライフスタイルを模索しています。

企業にとっては、これから急速に労働人口が減少していくなかで熟練した人材を確保・維持していくためには、「手ごたえ実感」と「承認」という働きがいを提供していく競争をしなければならなくなるでしょう。八〇年代後半の人材獲得競争の時代には、家族の物語に都合のよい福利厚生や昇給をインセンティブとして人材を集めていましたが、これからの時代、それらは優秀な人材を惹きつけるインセンティブとはなり得ません。

生活水準を高めることよりも、人生を充実させることを優先して働く時代になっていくからです。職場での「それってあり？」というような多様性を認め合う風土が、今後社会から提供されてくるでしょう。

＊生活満足から人生満足へ

これまで政府は、国民の幸福を測る際には「生活満足度」という消費によって実現された幸福感を指標としてきました。生活に必要な衣食住、余暇・レジャーがどの程度充足しているかによって国民の幸福感を測ろうとしてきたのです。とりわけ近代の経済学では、仕事は我慢しなければならないつらいもので、余暇時間が長いほど幸福な状態であると想定していますから、当然と言えば当然でしょう。

しかし実際には、人は仕事で充実したいと思っているのです。

最近、マルクスが見直されているようですが、彼は、仕事からも幸福が得られるべきであることを主張していました。社会主義国家のイデオロギーとしてではなく、社会哲学者としてマルクスの主張に耳を傾けるときがきたようです。

仕事でよい成果を上げると、よりやりがいのある仕事を任せてもらえるようになります。そして重要な仕事によって信頼感が高まり、人脈が広がり、影響力が増し、自分ができることの選択肢がさらに増えていくという好循環が得られます。

日常の観察でも、仕事がうまくいっている人ほどメリハリをつけて有給休暇を上手に活用して遊んでいます。昼の時間になるといち早く出かけ、打ち合わせが終わったあとも真っ先に会議室を出て行きます。いつまでもぐずぐずと残っている人は、あまり会議に貢献できずに不完全燃焼で心残りなものをかかえている人でしょう。

第2章にも書いたように、電通チームハピネスが行った調査では、もっともうらやましい人は「夢を持っている人」でした。ただし、夢を持っている人とは、「将来ビッグなミュージシャンになる」とか「総理大臣になる」というようなあてのない突飛な夢を語る人ではありません。将来につながる確実なものを明日の明確なスケジュールとして持っている人です。将来に向けて人生が広がっていく感覚、ますます自分が人々に必要とされるという感覚を持っている人です。

今、経済的に豊かかどうかよりも、将来に夢と希望を持てるかどうかが幸福を決定するのです。

となると、もう明らかなように、今の人々が求めているのは、お金で買ったモノに囲まれる幸福よりも、**人に囲まれる幸福**なのです。つまり、人間関係のなかに将来にわたって持続的な自分の居場所を見つけたいと望んでいるのです。

とはいえ、人間関係は、何もないところからひとりでに発生したり、何もしないで維持できるものではありません。人間関係が続くためには、お互いを必要とし合う場が不可欠です。仕事はその恰好の舞台となります。

＊消費の方程式が変わる

さて、消費よりも仕事、というと、これから内需拡大を進めていかねばならない日本で、また生産を増やして輸出を奨励して貿易摩擦を起こすつもりか、という声が聞こえてきそうです。しかし、それは違います。なぜなら仕事による幸福度が高まるほど、消費が増えるからです。あえて誤解を恐れずにいえば、**国のGDPの水準は物価水準が決定するのではなく、国民の幸福の水準が国のGDPを規定するの**です。

そのプロセスは次のように考えられます。

家族消費の時代の物語では、消費をしてモノに囲まれることで幸福が成り立っていました。これは従来型の幸福感、いわば「オールド・ハピネス」です。それに対して、働いて人に囲まれることで得られる新しいタイプの幸福は、「クリエイティブ・ハピネス」です。

仕事が充実している人はやる気が高まるので成果が上がり、「クリエイティブ・ハピネス」が高まります。さらに、成果が上がることで収入も高まるので、消費も増やすことができます。そのため「オールド・ハピネス」も高まります。

こうして「オールド・ハピネス」と「クリエイティブ・ハピネス」を両輪としてよい循環をつくっていくことで、日本の幸福感を底上げしていくことができます。これが、これからわたしたちが目指さなければならない大きな物語だと思います。

そして、その大きな物語を支えるのは、幸せだから買うという大きな価値観の変化です。

幸福になるために消費するのではなく、幸福だから消費するのです。

つまり、モノを買うためにはまず幸福を感じていることが前提となるのです。幸福を感じるから、人と接しようという気持ちが起こり、その結果、ネタをつくったり、喜びを与えたりする余裕も生まれる……。だとしたら、

仕事がまさに、幸福の原動力

となるのではないでしょうか。豊かな社会とは、仕事の質・内容が豊かな社会だともいえるのです。

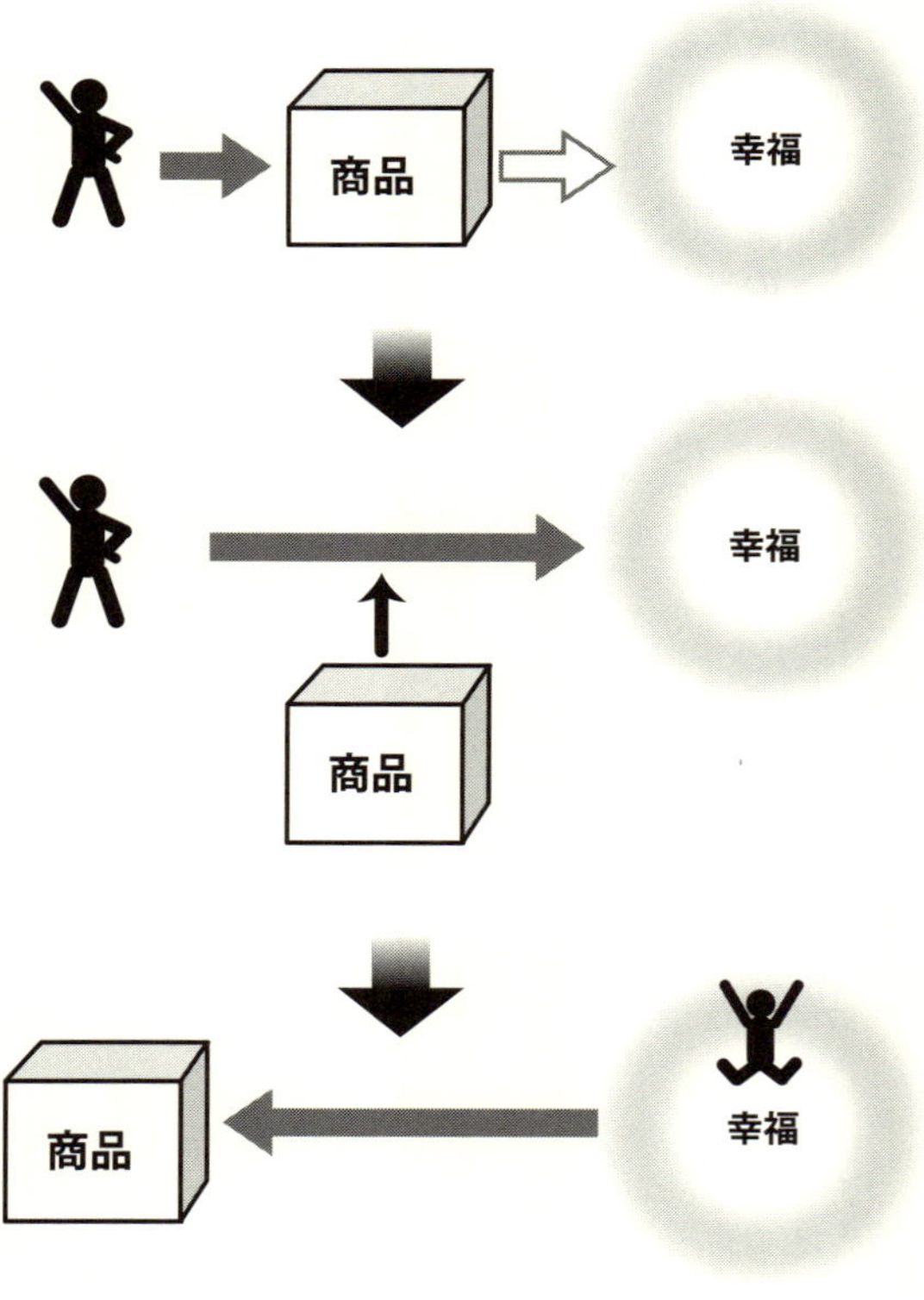

図 14 「幸福」だから「買う」へ

＊みんなが機嫌よく働ける社会に

「夢を持っている人」がうらやましいのはまだよいとして、日本人の幸福がマイナスのスパイラルに入って縮小してしまうと、モノやサービスを買う人が少なくなるので「仕事をしている人」がうらやましい人になりかねません。日本の雇用状況の悪化や経済の縮小は、すでに現実的な問題になってきています。若者や出産・子育てで仕事を中断した女性、定年を迎えてもまだ働く意欲のあるシニアの方などが、自分の能力を発揮し、また能力の範囲内で、機嫌よく働ける社会づくりが必要です。

そうでなければ、ここで言っているような「仕季」や「ソフトリッチ」はおろか、ワーク・ライフ・バランスもままならない職場の現実を打ち崩せません。

幸福の最後の約束の地を守り育てる発想が求められます。

早稲田大学の渡部幹准教授らの『不機嫌な職場』（講談社　二〇〇八）にあるように、人々が職場で協力すれば機嫌よく働き生産性も上げられるのに、職場がぎすぎすしはじめたことで、社員も会社もアンハッピーな状況になっています。この悪の循環を反対に押し戻さなければなりません。

そのためには、生活を変えることです。「はまる」でも「ギルティ・フリー」でも「社交」でも何でもよいのですが、生活に幸福のアップスパイラルを取り入れることです。そして、狭い範囲でも、ウィーク・タイ（たまにしか会わないけれども切れることのない強いつながり）でも結構なので、人とつながることをあきらめない生活を始めることです。

仕事を求めたり、職場を変えようとする前に、生活を変えること。

人々の生活が幸福になれば、「道具消費」であれ「幸せだから買う消費」であれ、さまざまな消費ニーズが生まれます。それが働く場をつくっていきます。生活が楽しければ楽しいほど、商品を提供するのが楽しくてやりがいのある職場が生まれます。

幸福の場としての職場は、幸福な生活と両輪になって回っていくのです。

終章

つながりと幸福の弁証法的関係

山田昌弘

第2章から第6章まで、電通チームハピネスにより、新しい幸せをもたらす消費行動のさまざまな実践を見ていきました。

そこで見出されたのは、「つながり」です。人は、どんなにモノがあふれていても、ひとりぼっちで幸せになることはできません。自分と何かが「つながっている」ことによって、幸せを実感します。

一つ目が、自分の内部とのつながりです。フロイトが無意識という概念をつくり出して以来、自分の内側に自分でも気づかない自分が存在することがわかってきました。「はまる」ことは、まさに、自分と自分で気づかない自分の内部がつながったという感覚であり、これが幸福感をもたらすのです。

二つ目が、ボランティア旅行など、社会に貢献するという物語でみられたように、社会と自分の間のつながりをつくり出すことによってもたらされる幸福感です。

最後に三つ目の仕事などによる幸福感は、まさに、身近な他人とつながることによる幸福の実感でした。

ここでわたし山田が、もう一度、「つながり」を軸にして、幸福感をもたらすものの歴史を振り返ってみましょう。

前近代社会では、つながりは、与えられたものとして存在していました。親が取り決めた結婚、一生そこに住むことを宿命づけられた地域社会、宗教組織など、逃れたくても逃れられない伝統的なつながりがあったのです。

存在するのが当たり前なので、とりたててそれを幸福と実感することはありませんでした。それを実感する暇もなく、多くの庶民にとって、飢えや苦痛（ならびに、そのような状態に陥るかもしれないという恐怖）が日常生活の隣り合わせにあったので、それから逃れられることが唯一の実感できる幸福だったのです。

幸福とは何かなどについて考えることができたのは、アリストテレスやセネカなど、飢えから逃れられていた一部の上流階級だけでした。経済的な階層だけでなく、幸福感にも階層による質的格差があったのです。

やがて、近代社会が始まり、消費社会の幸福が始まります。経済の発展により、GDPが上昇するにつれ、飢えや苦痛から逃れるという幸福感は実感しにくくなります。その代わり、この商品を買い続ければ幸福になるという物語、はじめは家族消費の物語、次いで、ブランド消費の物語による消費が幸せを実感させるものとなりました。労働してお金を稼ぎ、幸福をもたらすはずの商品を買い続ける、それが可能だったのは、一人当たりＧＤＰが伸び続けるという前提のもとでした。

その反面、伝統的なつながりは失われていきます。どこに住むのも自由になれば、地域社会のつながりは希薄化します。

ただ、消費の物語の背後には、実は、つながりが隠れていました。家族消費の物語では、家族のつながりの存在が前提とされていました。家族の幸せに必要な商品サービスを買うなかで、家族のつながりを実感することができました。

ブランド消費では、「世間」の人々の目がありました。人から所有していることを見られている（知られている）という感覚が、幸福感の源泉だったのです。

そして、ゼロ成長、少子高齢化など、今後、収入の上昇が見込めない時代に突入すると、つながりから幸福を直接実感するという形が出てきました。これは、前近代社会の伝統的なつながりとは違って、自分で選んだつながりであることが重要です。

自分の内側、社会、周りの人々との間につながりをつけることが幸福を生み出すスタイルです。そして、人々は、つながりを求め、それを維持することにお金をかけはじめているのです。

現代は、重層的に幸福を感じるために消費が行われる社会になりました。つながりを求める人であっても、生活することは必要です。

①飢えや苦痛から逃れるための消費、そして、②家族の豊かな生活をつくり出すための消費、③自分が選んだブランドを買い続ける消費はなくなりません。それに、新たに④つながりをつくり出すための消費が加わったのです。

一人当たりのＧＤＰがある程度増えることは、①、②、③の消費による幸福を保つために必要です。しかし、今後大きなＧＤＰの伸びが期待できない成熟社会では、④の部分が、ますます大きくなることでしょう。

それをサポートする産業こそが、これからの経済をリードする産業になるはずです。

あとがき

この本をつくろうと思ったきっかけは、七年前の二〇〇二年にさかのぼります。人口が減少するなかで少子高齢化を迎えることとなった試練の国＝日本の将来を描くため、内閣府で「未来生活懇談会」という委員会が招集されました。初回は首相官邸の大きな会議室でマスコミが多数押しかけるなか開催され、ニュースでも取り上げられました。座長は先日、慶應義塾の塾長に就任された清家篤先生、委員には、佐々木東大学長（当時）、元ＮＨＫのキャスターの宮崎緑さんや作家のＣ・Ｗ・ニコルさんという多彩ぶり。その中に山田昌弘先生もいらっしゃり、わたしも委員の一人として参加していました。それが、山田先生との最初の出会いでした。

山田先生はパラサイト・シングルを「発見」した社会学者としてすでに著名な方でした。委員会では席が隣だったこともあり、帰り道にいろいろお話しさせていただきました。ご専門は家族社会学ですが、それにとどまらず感情社会学も研究されていて、「希望の社会学」をやりたいとおっしゃっていました。それはのちに『希望格差社会』という本になり、希望の研究や格差研究ブームの嚆矢となりました。その後、〇八年には「婚活」という言葉もヒットさせ、プロのコピーライターも顔負けの言葉を生み出す達人ぶりを発揮されています。

話を「未来生活懇談会」に戻しますと、小泉政権では行財政の構造改革を進めていましたが、人々の「意識の構造改革」が進んでいませんでした。意識が変わらなければ行財政の構造改革の意味が理解されませんし、意識が変わらなければ行財政の構造改革をさらに進めていこうという気運が生まれません。だから、どうしても「意識の構造改革」を進めなければなりませんでした。「未来生活懇談会」は今までの常識を打ち破って、心から幸福を実感できる日本の未来生活の姿を描くことが役割だったわけです。

その場でさまざまな方の意見をうかがうなかで、これからの日本社会の明るいシナリオを描くためには、一つの問いに答えなければならないことに気がつきました。それは、「経済が成長することでしかわたしたちは幸福になれないのか？」ということです。

この点に関しては、『「家族」と「幸福」の戦後史』（講談社　一九九九）で三浦展さんが描いたように、戦後の家族モデルが消費も幸福も支えてきたので、家族モデルが崩れてきたことが消費も幸福も低下させているのに違いない。経済が成長しにくくなると家族も消費も低迷し、消費が低迷すると経済がさらに落ち込んでしまう。これは、いち早く家族消費による幸福の物語に代わる幸福の物語を見つけなければならない。幸福はこれからの日本社会にとって切実な問題なんだ、と感じたのです。

経済成長を続けてもその先に幸福は見つからないかもしれない、ということを真っ先に取り上げたのは経済学者たちでした。経済学では、商品を購入すれば「効用」という幸福感が得られます。だから、人々の所得が増えると幸福度が高まるはずなのに、データ上は戦後に世帯所得が五、六倍に増えたのに生活満足度がほとんど高まっていないことが日米の時系列データで話題になっていました。

二〇〇五年に内閣府の経済社会総合研究所に勤務していたわたしは、世界的に経済成長と幸福の関係が研究されているなか、日本でも研究を進めるべきだということで、幸福の研究を始める機会を与えられました。

わたしの専門であるマーケティングでは、人々の消費ニーズや消費欲求を観察します。ある商品を魅力的に訴求するには、どんな社会文脈にその商品を置けばよいのか、ヒット商品がヒットした要因は何なのかを調べることが、マーケターとしてわたしが長く携わってきたことでした。

その一方で、経済学は消費者のニーズや消費欲求がどのようにして生まれてくるのかについて、考慮しなくてもよいように理論がつくられているのです。内閣府で、いわゆる官庁エコノミストと呼ばれる方々と意見交換をするなかで、幸福の研究はマーケティングと経済学をつなぐ接点になると直感したのです。さらに感情の社会学を通して社会学ともつながります。また、心理学や哲学も当然接点を持っています。

ということで、幸福の研究は、マーケティング、経済学、社会学、心理学、哲学という五つの学問をつなぐ学際的なテーマだったのです。

そこで、内閣府の研究をさらに広げるために、二〇〇五年に電通で社内横断的な研究会として「幸福社会デザイン研究会」を立ち上げ、山田昌弘先生に座長をお願いしました。その研究会に関わる人々を「電通チームハピネス」として本格的に幸福の研究をスタートさせたのです。電通チームハピネスはバーチャルな活動組織ですが、幸福に関する情報共有と方法発信を積極的に行っています。

この本は、「幸福社会デザイン研究会」を元に、さらに山田先生と電通チームハピネスとが討議を重ねて内容をつくり上げたものです。本文でご紹介した「幸福のペンタゴン・モデル」も、調査を踏まえながら開発してきました。


本文では、「家族モデルの崩壊」など、家族がなくなってしまうかのような印象を与えたかもしれませんが、家族自体はなくなってしまうわけではありません。家族が消費の目的であり、よい家族を消費によってつくることが社会全体の欲望であったという社会のシステムが崩壊したことを指しています。だから、表面上は、今までと同じように、華やかな結婚式は行われるでしょうし、新居に家具を買い揃えることも続くことでしょう。でも、それで満たされることが少なくなったことを指摘しています。

なぜそれで満足できなくなったのでしょうか。消費に慣れてしまったから？　自分だけでなく、みんなが同じように行っていることだから？　そのような理由はあるにしても、根源的な理由は、家族消費が将来にわたって安定的に続けられる物語ではなく、その瞬間の幸福の断片にすぎなくなったからです。幸福は物語としてしか存在しない、のです。

この本がフローの幸福ではなく、ストックの幸福に注目したのも、今から将来にわたる時間密度の要素を重視したのもそのためです。ここが、この本がほかの幸福本とは違う、大きな特徴になっていると思います。

最近、しばらくぶりに会う友人に「幸福の研究をしているんだ」と近況を話すと、「それはすごいね」とか「さすが、いいところに目をつけたね」と好意的に受け止めてくれる人が多くなりました。「新しい宗教でも始めたのかい？」というようなからかう言葉が返ってくるかと思っていたのですがそんなことはなく、それほど世の中では幸福が切実な問題になっているのだと感じています。

事実、幸福は、自分自身にとっても社会にとっても切実な問題なのです。

ローマ帝国やベネチア共和国が滅んだのも、人々が幸福の物語を見失ったことに、その根本原因がありました。幸福がなくなったわけではありません。そこそこの許容できる範囲の幸福の断片に甘んじているうちに、未来に続くような幸福の物語を見失い、自分の生活も社会の運営もままならなくなった、ということです。

そこそこに幸福なので、がんばってまでより上を目指さなくなる、
豊かさの貯蓄があるので、すぐには生活に困らなくなる、
その結果、
何のためにがんばるのかがわからない、
リスクをとってがんばる人が叩かれて報われなくなる、
だから、みんなが過去の遺産を食いつぶしながら誰も一歩を踏み出さなくなってしまうのです。
そして、生活コストが増えて裁量の自由を制約する結婚や子育てを先送りし、晩婚化、非婚化によって少子化が起こります。それでも生活が成りゆかなくなってくると政府に生活保障を求めます。選挙で票を集めたい政治家たちは、国が借金をしてでも市民の要望をかなえようとします。その結末が、借金を持つ貧しい政府と資産を持つ豊かな個人です。
――これは今の日本の姿ではなく、ローマ帝国やベネチア共和国で起きたことです。
しかしながら、八百兆円の財政赤字を抱える政府と、それをはるかにしのぐ一四〇〇兆円という金融資産を持つ個人がいる日本社会は、すでにこのシナリオに入りつつあるのかもしれません。

わたしはマーケティングを通して、「今、社会で何が起きているのか」を常に追いかけてきましたが、実際に、今起きていることが意識されるようになるまでには、かなりのタイムラグがあります。

バブルが崩壊して地価と株価が大暴落したのは九〇年年初でしたが、家計調査で世帯消費が頭打ちになるのは九三年です。その三年間は、「どうせすぐに元の水準に戻るよ」と楽観的なムードが続いていました。先頃のリーマンショックが起きたのは〇八年九月ですが、サブプライムローン問題が発覚したのは〇七年の八月、一年一カ月も前だったのです。

わたしたちはまだ、人口が減少しはじめていることのインパクトも十分に理解していません。二〇二〇年頃になると、年間で七〇万人も人口が減少、つまり、毎年、島根県と同じ程度の人口が減っていく時代が確実にくるというのに……。

わたしたちの意識は、社会が変化するゆるやかなスピードには追いつけないのです。

この本でもっとも指摘したかったことは、家族モデルというシステムが支えていた幸福が、ゆるやかすぎるスピードで数十年をかけて崩壊に向かっていること、そして、そのためにわたしたちの幸福が徐々に低下しはじめていることです。

この本を読まれた方に、自身の幸福に対する「幸福感度」を高め、それを見失ってしまう前に、家族モデルに代わる新しい幸福の物語を見つけていただくことが、著者としての願いです。

最後に、この本のデータ作成や事例収集、そして原稿の一部を執筆してくれた電通チームハピネスのメンバーである黒須玲音君と田中里佳さんには制作上多くのサポートをいただきました。同じくメンバーの渡邊磨由子さんは調査の分析で活躍してくれました。さらに「幸福社会デザイン研究会」に参加していただいた社内の方々にも御礼を申し上げます。

また、「幸福社会デザイン研究会」に社外メンバーとして参加していただいた、東大の上野千鶴子研究室の柳田ゆう花さんにもアドバイスをいただきました。同様に、「幸福社会デザイン研究会」で講師をお願いした方々にも多くの知見と励ましをいただきました。

これらの方々から与えられた知的な話題提供のおかげでこの本が形になったといっても過言ではありません。

そして、幸福という手に余るテーマをまとめきれずに一年半も構想を練ることにおつき合いいただき、また数々の有益なアドバイスをいただいた株式会社ディスカヴァー・トゥエンティワンの干場弓子社長に御礼を申し上げます。干場社長の竹を割ったような性格にリードされて、この原稿を割り切っていかなければ、とてもまとまりがつかなかったと振り返って実感しています。

その他、わたしたちを励ましてくださったみなさま、そしてこの本を手にとってお読みいただいた読者の方にこの場を借りて御礼申し上げます。

二〇〇九年八月

著者を代表して

袖川芳之

参考文献

＊第1章

リキッド・モダニティ　ジグムント・バウマン著　森田典正訳　大月書店　二〇〇一年

幸福論　ジグムント・バウマン著　開内／高橋訳　作品社　二〇〇九年

道徳形而上学原論　エマニュエル・カント著　篠田英雄訳　岩波書店　一九七五年

気流の鳴る音　真木悠介（見田宗介）著　筑摩書房　一九七七年

人間性の心理学―モチベーションとパーソナリティ　アブラハム・マズロー著　小口忠彦訳　産業能率大学出版部　一九八七年

定本物語消費論　大塚英志著　角川文庫　二〇〇一年

団塊と団塊ジュニアの家族学　袖川芳之／花島ゆかり／森住昌弘編　電通　二〇〇五年

勝者の代償　ロバート・B.ライシュ著／清家篤訳　東洋経済新報社　二〇〇二年

パラサイト・シングルの時代　山田昌弘著　筑摩書房　一九九九年

「婚活」時代　山田昌弘／白河桃子著　ディスカヴァー　二〇〇八年

定常型社会　広井良典著　岩波書店　二〇〇一年
年収300万円時代を生き抜く経済学　森永卓郎著　光文社　二〇〇三年

＊第2章
モデル失格　幸せになるためのアティチュード　押切もえ著　小学館　二〇〇九年
ブータン　神秘の王国　西岡京治／西岡里子著　NTT出版　一九九八年
平成19年版　国民生活白書　内閣府著　時事画報社　二〇〇七年
アラン　幸福論　アラン著　神谷幹夫訳　岩波書店　一九九八年
ラッセル　幸福論　ラッセル著　安藤貞雄訳　岩波書店　一九九一年
HAPPINESS:Lessons from a New Science　Richard Layard著　THE PENGUIN PRESS　二〇〇五年

＊第3章
オーディオの作法　麻倉怜士著　ソフトバンククリエイティブ　二〇〇八年
明日の広告　佐藤尚之著　アスキー　二〇〇八年
クローズド・ノート　雫井脩介著　角川書店　二〇〇六年
希望格差社会―「負け組」の絶望感が日本を引き裂く　山田昌弘著　筑摩書房　二〇〇四年

趣都の誕生　萌える都市アキハバラ　森川嘉一郎著　幻冬舎　二〇〇三年

＊第４章
オバマ現象のカラクリ　共感の戦略コミュニケーション　田中愼一／本田哲也著　アスキー・メディアワークス　二〇〇九年
デザインのデザイン　原研哉著　岩波書店　二〇〇三年

＊第５章
さよなら、大衆。―感性時代をどう読むか　藤岡和賀夫著　ＰＨＰ研究所　一九八四年

＊第６章
さおだけ屋はなぜ潰れないのか？　身近な疑問からはじめる会計学　山田真哉著　光文社　二〇〇五年
無理なく続けられる　年収10倍アップ勉強法　勝間和代著　ディスカヴァー　二〇〇七年
レバレッジ勉強法　本田直之著　大和書房　二〇〇七年
竹中式マトリクス勉強法　竹中平蔵著　幻冬舎　二〇〇八年
キャリアデザイン入門Ｉ　基礎力編　大久保幸夫著　日経文庫　二〇〇六年

ESRI ディスカッションペーパー No.182 袖川芳之／田邊健著 内閣府経済社会総合研究所 二〇〇七年
半農半Xという生き方 塩見直紀著 ソニー・マガジンズ 二〇〇八年
クリエイティブ資本論 新たな経済階級の台頭 リチャード・フロリダ著 井口典夫訳 ダイヤモンド社 二〇〇八年
不機嫌な職場 なぜ社員同士で協力できないのか 高橋克徳／河合太介／永田稔／渡部幹著 講談社 二〇〇八年

＊あとがき

「家族」と「幸福」の戦後史 三浦展著 講談社 一九九九年
文明が衰亡するとき 高坂正堯著 新潮社 一九八一年
行動経済学入門 多田洋介著 日本経済新聞社 二〇〇三年
幸福の政治経済学 ブルーノ・S・フライ／アロイス・スタッツァー著 佐和隆光監訳／沢崎冬日訳 ダイヤモンド社 二〇〇五年
少子社会日本―もうひとつの格差のゆくえ 山田昌弘著 岩波書店 二〇〇七年
ソーシャル消費の時代 上條典夫著 講談社 二〇〇九年

ディスカヴァー携書 044
幸福の方程式
新しい消費のカタチを探る

発行日 2009年9月10日 第1刷

Author 山田昌弘 電通チームハピネス(袖川芳之)

Book Designer 石間淳
図版:ムーブ

Publication 株式会社ディスカヴァー・トゥエンティワン
〒102-0074 東京都千代田区九段南 2-1-30
TEL 03-3237-8321 (代表)
FAX 03-3237-8323 http://www.d21.co.jp

Publisher & Editor 干場弓子

Promotion Group Staff 小田孝文 中澤泰宏 片平美恵子 井筒浩 千葉潤子 飯田智樹 佐藤昌幸 鈴木隆弘 山中麻吏 空閑なつか 吉井千晴 山本祥子 猪狩七恵 山口菜摘美 古矢薫 井上千明 日下部由佳 鈴木万里絵 伊藤利文

Assistant Staff 俵敬子 町田加奈子 丸山香織 小林里美 井澤徳子 古後利佳 藤井多穂子 片瀬真由美 藤井かおり 福岡理恵 上野紗代子

Operation Group Staff 吉澤道子 小嶋正美 小関勝則

Assistant Staff 竹内恵子 熊谷芳美 清水有基栄 鈴木一美 小松里絵 濱西真理子

Creative Group Staff 藤田浩芳 千葉正幸 原典宏 篠田剛 三谷祐一 石橋和佳 大山聡子 田中亜紀 谷口奈緒美 大竹朝子 河野恵子 酒泉ふみ

Proofreader 株式会社文字工房燦光
中村孝志

Printing 共同印刷株式会社

ISBN978-4-88759-736-5
 携書フォーマット：長坂勇司